¡Mira!

Anneli McLachlan

2

www.pearson.co.uk

✓ Free online support
✓ Useful weblinks
✓ 24 hour online ordering

01865 888080

Heinemann

Heinemann is an imprint of Pearson Education Limited, a company incorporated in England and Wales, having its registered office at Edinburgh Gate, Harlow, Essex, CM20 2JE. Registered company number: 872828

www.pearson.co.uk

Heinemann is a registered trademark of Pearson Education Limited

Text © Harcourt Education Limited 2007

First published 2007

12
10 9 8

British Library Cataloguing in Publication Data is available from the British Library on request.

ISBN 978 0 435391 61 4

Edited by Charonne Prosser
Managing Editor: Naomi Laredo
Designed by Ken Vail Graphic Design, Cambridge
Original illustrations © Harcourt Education Limited 2007

Illustrated by Graham-Cameron Illustration (David Benham), Clive Goodyer, Ken Laidlaw, Sylvie Poggio Artists Agency (Tim Davies, Mark Ruffle, Rory Walker), Young Digital Poland

Cover photo by Alamy

Printed in China (CTPS/08)

Acknowledgements

Harcourt would like to thank Liliana Acosta Uribe, Iñaki Alegre, Naomi Laredo, Clive Bell, Gillian Eades, Alex Harvey, Christopher Lillington and Ana Machado. They would also like to thank Colegio Betulia (Badalona), Elena Roig, Lidia Verges, Albert Campamany, Martí Riverola, Clara Fabregat, José María Bazán of Nordqvist Productions in Alicante and all those involved with the recordings for their invaluable help in the development and trialling of this course.

The author and publisher would like to thank the following individuals and organisations for permission to reproduce photographs:

Alamy pp 44 (taking photos), 45 (Picasso – Popperfoto), 81 (girl in uniform), 84 (Mar del Plata – David R Frazier Photolibrary Inc), 86 (jewellery shop – Andrew Holt, music shop – Brand X Pictures, shoe shop – Snappdragon); Corbis pp 20 (Elena, Rodrigo), 25 (teenage boy), 44 (listening to music), 45 (amusement park), 84 (Chapelco), 86 (baker's, supermarket); Dreamstime.com pp 44 (sunbathing – Roman Milert), 51 (volcano – Marco Regalia), 60 (chicken wings – Rohit Seth), 84 (Calafate – Mercedes Soledad Manrique), 122 (Cintia – Jaimie Duplas); Getty Images/ PhotoDisc pp 10 (Margaret), 12 (table football), 27 (Ana), 33 (Tatiana), 35 (Roberto), 43 (plane), 73 (Alcázar de Toledo), 111 (Lourdes); iStockPhoto.com pp 12 (disco), 44 (dancing, volleyball), 51 (jungle, mountains – David Mathios, desert & plains – José Carlos Pires Pereira), 91 (Juana – Jacom Stephens), 104 (Jorge – Milan Jurkovic); Jupiter Images/Photos.com pp 12 (bowling alley), 20 (Pepe), 45 (Rico), 60 (cereal), 82 (cowboy boots), 125 (Luis); Kobal Collection p 26 (Casino Royale, Shrek); Rex Features pp 37 (García Bernal – Jim Smeal, Cruz & Verdú – Sipa Press), 51 (River Amazon – Peter Oxford/Nature Picture Library), 66 (Beckham – Masatoshi Okauchi); Spanish Embassy p 109 (Gaudí); StockDisc p 44 (mobile). All other photos were provided by Jules Selmes, Tudor Photography, Carlos Reyes-Manzo, Gareth Boden and Harcourt Education Limited.

Every effort has been made to contact copyright holders of material reproduced in this book. Any omissions will be rectified in subsequent printings if notice is given to the publishers.

Tel: 01865 888058   www.heinemann.co.uk

Contenidos

Mi vida

1

1 **Presentaciones** 6
- Talking about activities
- Expressing opinions using **me gusta ...**

2 **Mis amigos** 8
- Describing friends using adjectives
- Using **y**, **pero**, **también**, **nunca**

3 **Tu nacionalidad** 10
- Understanding nationalities
- Writing an extended text

4 **¿Adónde vas?** 12
- Talking about places in town
- Using the near future tense

5 **Una entrevista** 14
- Doing an extended interview
- Using the present and the future tense together

Resumen 16

Prepárate 17

¡Extra! 18

Gramática 20

Palabras 22

¡Diviértete!

2

1 **La televisión** 24
- Talking about television programmes
- Giving opinions using adjectives

2 **Las películas** 26
- Talking about films
- Comparing things using **más ... que** (*more ... than*)

3 **¿Te gustaría ir a la bolera?** 28
- Inviting someone to go out
- Adding expression to your spoken Spanish

4 **No puedo ...** 30
- Making excuses
- Using **querer** and **poder**

5 **Tengo un problema** 32
- Saying what someone else likes or dislikes
- Using phrases with infinitives

Resumen 34

Prepárate 35

¡Extra! 36

Gramática 38

Palabras 40

Mis vacaciones

3

1 **¿Adónde fuiste?** 42
- Describing past holidays
- Using the preterite of **ser** and **ir**

2 **¿Qué hiciste?** 44
- Saying what you did on holiday
- Using the preterite of **-ar** verbs

3 **¿Qué tal lo pasaste?** 46
- Giving more details of your holidays
- Expressing opinions about past events

4 **Un viaje estupendo** 48
- Giving a presentation about holidays
- Using the present and the preterite together

5 **Hispanoamérica** 50
- Learning more about Spanish-speaking countries
- Creating a poster about a Spanish-speaking country

Resumen 52

Prepárate 53

¡Extra! 54

Gramática 56

Palabras 58

La comida

4

1 ¿Qué desayunas?	60
● Talking about mealtimes ● Using time expressions	
2 En el mercado	62
● Shopping for food ● Using high numbers	
3 En el restaurante	64
● Eating at a restaurant ● Understanding the difference between **tú** and **usted**	
4 Una cena especial	66
● Talking about a past meal ● Using the preterite of **-er** and **-ir** verbs	
5 ¿Qué comiste ayer?	68
● Using the preterite of different verbs ● Writing an imaginative text	
Resumen	70
Prepárate	71
¡Extra!	72
Gramática	74
Palabras	76

De moda

5

1 La ropa	78
● Talking about clothes ● Making colours agree	
2 El uniforme escolar	80
● Talking about school uniform ● Using comparative adjectives **(más … que)**	
3 ¿Qué prefieres?	82
● Choosing an item of clothing ● Using superlative adjectives	
4 Vamos a visitar Argentina	84
● Talking about a trip to Argentina ● Using the present and near future tenses	
5 De compras en Barcelona	86
● Talking about different types of shop ● Using **se puede** to say what can be bought there	
Resumen	88
Prepárate	89
¡Extra!	90
Gramática	92
Palabras	94

La salud

6

1 Me duele . . .	96
● Learning the parts of the body ● Using **me duele** and **me duelen**	
2 En la farmacia	98
● Describing symptoms ● Getting remedies	
3 ¿Tienes una dieta sana?	100
● Talking about healthy and unhealthy food ● Making resolutions for the future	
4 La vida sana	102
● Talking about healthy living ● Using **para** to make more complex sentences	
5 Mis pecados	104
● Talking about lifestyle changes ● Using three tenses together	
Resumen	106
Prepárate	107
¡Extra!	108
Gramática	110
Palabras	112

Te toca a ti	114
Gramática	126
Vocabulario español–inglés	134
Vocabulario inglés–español	141

En la clase

¡Buen trabajo!	*Good work!*
¡Bien hecho!	*Well done!*
¡Buena idea!	*Good idea!*
¡Lo has hecho muy bien!	*You did that really well!*
¡Qué interesante!	*How interesting!*
¡Genial!	*Great!*
¡Excelente!	*Excellent!*
¡Estupendo!	*Fantastic!*
¡Has sacado un 10!	*You got 10/10!*
¡Está perfecto!	*Perfect!*

¡Atención!	*Careful!*
Cuidado con los acentos.	*Careful with the accents.*
Cuidado con las concordancias.	*Careful with the agreements.*
Cuidado con tu ortografía.	*Careful with your spelling.*
¿Cómo se puede mejorar?	*How can it be improved?*
¿Puedes poner un ejemplo?	*Can you give an example?*
¿Voluntarios?	*Who can help?*

Tienes que mejorar.	*You need to improve.*
Tienes que hacerlo otra vez.	*You need to do this again.*
Tienes que repetir.	*You need to repeat this.*
Tienes que mejorar tu ortografía.	*You need to improve your spelling.*
Escribe cinco veces: ...	*Write ... five times.*

1 Presentaciones

- Talking about activities
- Expressing opinions using **me gusta ...**

escuchar 1 **Escucha a Fernanda Famosa y escribe la letra correcta. (1–8)**
Listen to Fernanda Famosa and write down the correct letter.

Ejemplo: **1** d

> ¿Qué haces en tu tiempo libre?

a

Chateo por internet.

b

Mando mensajes.

c

Bailo.

d

Escucho música.

e

Juego con el ordenador.

f

Voy de compras.

g

Salgo con mis amigos.

h

Hago deporte.

Gramática

Spanish verb endings change to show who the verb refers to.

¿Escuch**as** música?   Do **you** listen to music?
Escuch**o** música.   **I** listen to music.

Some verbs are irregular. Try to remember these:

	hacer *(to do)*	salir *(to go out)*	ir *(to go)*
(yo) *(I)*	hago	salgo	voy
(tú) *(you)*	haces	sales	vas

Para saber más   página 129

hablar 2 **Con tu compañero/a, empareja las preguntas con las respuestas del ejercicio 1.**
With your partner, match up the questions with the answers from exercise 1.

- ¿Sales con amigos?
- Salgo con mis amigos.

1 ¿Sales con amigos?	**5** ¿Chateas por internet?
2 ¿Mandas mensajes?	**6** ¿Juegas con el ordenador?
3 ¿Escuchas música?	**7** ¿Vas de compras?
4 ¿Bailas?	**8** ¿Haces deporte?

escribir 3 **Escribe un texto sobre ti.** *Write a text about yourself.*

Ejemplo: En mi tiempo libre mando mensajes y voy de compras.
También salgo con mis amigos.

4 Escucha y escribe la letra correcta. (1–6)
Escucha otra vez. ¿Positivo 😊 o negativo 😠?

Ejemplo: **1** b 😊

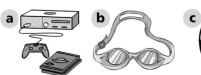

😊 ¿Qué te gusta?		😠 ¿Qué no te gusta?	
Me gusta ♥	el fútbol	No me gusta ✗	la música
Me interesa	la música	Odio ✗✗	
Me encanta ♥♥	la natación		
Me gustan ♥	los videojuegos	No me interesan	los cómics
Me interesan	los cómics	Odio ✗✗	
Me encantan ♥♥	las hamburguesas		

 5 Escucha y lee. Copia y rellena la tabla.

Nombre	Jaume Blondi	Pria Fredericks
Edad		
Actividades		
😊		
😠		

b

a

Me llamo Blondi, Jaume Blondi. Soy el agente secreto 00Ñ y soy español. Tengo treinta años. En mi tiempo libre mando mensajes y hago deporte. Me gustan los cómics. Odio las hamburguesas.

Me llamo Pria Fredericks. Soy presentadora de 'Las mañanas con Pria'. Tengo veinticinco años. A ver, en mi tiempo libre escucho música, salgo con mis amigos y voy de compras. Me encantan los videojuegos pero odio el fútbol. ¿Y tú?

 6 Con tu compañero/a, pregunta y contesta por Jaume Blondi y Pria Fredericks.

● ¿Cómo te llamas?
■ Me llamo Jaume Blondi.

¿Cómo te llamas?
¿Cuántos años tienes?
¿Qué haces en tu tiempo libre?
¿Qué te gusta?
¿Qué no te gusta?

2 Mis amigos

 1 Escucha y escribe la letra correcta. (1–10)

Ejemplo: **1** f

¿Cómo es tu mejor amigo?

¿Cómo es tu mejor amiga?

a divertid**o** / divertid**a**	**b** hablador / hablador**a**
c seri**o** / seri**a**	**d** perezos**o** / perezos**a**
e inteligente / inteligente	
f generos**o** / generos**a**	**g** guap**o** / guap**a**
h alt**o** / alt**a**	**i** baj**o** / baj**a**
j delgad**o** / delgad**a**	

 2 Escucha y describe a la persona en inglés. (1–6)
Listen and describe the person in English.

Ejemplo: **1** boy – talkative, intelligent, not serious

 3 Escucha otra vez. Escribe la palabra o las palabras del cuadro que entiendes.

Ejemplo: **1** también, no

y *(and)*	pero *(but)*	no *(not)*	también *(also)*	nunca *(never)*

 4 Elige cinco personas de tu clase. Tu compañero/a adivina quién es.
Choose five people from your class. Your partner guesses who each person is.

- Es una chica.
- ¿Es alta?
- No.
- ¿Es generosa?
- Sí. Es generosa.
- ¿Es Joanna?

Gramática

masculine sing.	feminine sing.	masculine plural	feminine plural
baj**o**	baj**a**	baj**os**	baj**as**
inteligente	inteligente	inteligente**s**	inteligente**s**
hablador	hablador**a***	hablador**es**	hablador**as***

*Some adjectives, like **hablador**, add an **-a** for the feminine even though the masculine doesn't end in **-o**.

Para saber más página 127

5 Escucha y escribe los datos. (1–6)
Listen and note down the details.

Ejemplo: **1** el pelo largo y ondulado

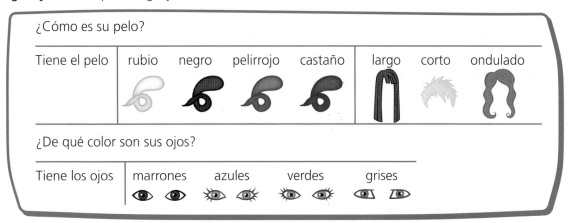

¿Cómo es su pelo?							
Tiene el pelo	rubio	negro	pelirrojo	castaño	largo	corto	ondulado

¿De qué color son sus ojos?

Tiene los ojos	marrones	azules	verdes	grises

6 Escucha y lee. Cierra el libro y escribe cinco datos.
Listen and read. Close the book and note down five details.

- ● ¿Cómo se llama tu mejor amigo?
- ▣ Mi mejor amigo se llama <u>Antonio</u>.
- ● ¿Cuántos años tiene?
- ▣ Tiene <u>dieciocho años</u>.
- ● ¿Cómo es?
- ▣ Tiene el pelo <u>corto y castaño</u>. Tiene los ojos <u>marrones</u>. También es <u>alto</u> y <u>delgado</u>.
- ● ¿Cómo es de carácter?
- ▣ Es <u>divertido</u> y <u>generoso</u> pero nunca es <u>serio</u>.

Gramática

Ser and **tener** are irregular verbs to remember!

ser	*to be*	**tener**	*to have*
soy	*I am*	tengo	*I have*
eres	*you are*	tienes	*you have*
es	*he/she is*	tiene	*he/she has*
somos	*we are*	tenemos	*we have*
sois	*you (plural) are*	tenéis	*you (plural) have*
son	*they are*	tienen	*they have*

Use **tener** for age:
Tengo catorce años. *I am 14.*

7 Escribe un diálogo sobre un(a) amigo/a. Utiliza el ejercicio 6 como modelo.
Write a dialogue describing a friend. Use exercise 6 as a model changing the underlined words.

3 Tu nacionalidad

escuchar 1 Escucha y escribe el nombre correcto. (1–10)

Ejemplo: **1** Meryl

¿Cuál es tu nacionalidad?

Soy española. — Patricia

Soy colombiana. — Alba

Soy argentino. — Tico

Soy estadounidense — Chuck

Soy chilena. — Angélica

Soy galesa. — Meryl

Soy irlandesa. — Margaret

Soy escocés. — Lachlan

Soy mexicano. — Diego

Soy inglés. — Dan

hablar 2 Juego de memoria. *Memory game.*

● Soy irlandesa.
■ Eres Margaret.

escuchar 3 Escucha. Copia y rellena la ficha.

Nombre — Fernando
Nacionalidad _____
Edad _____
☺ _____
Actividades _____
Carácter _____
Pelo _____
Ojos _____

moreno = *dark*
rizado = *curly*

Gramática

masculino	femenino
español	española
inglés	inglesa
escocés	escocesa
irlandés	irlandesa
galés	galesa
mexicano	mexicana
colombiano	colombiana
argentino	argentina
chileno	chilena
estadounidense	estadounidense

Para saber más   página 128

4 **Con tu compañero/a, lee y completa el diálogo por Lola.**

Nombre	Lola
Nacionalidad	estadounidense
Edad	13

Actividades

Carácter	divertida, habladora
Pelo	rubio, largo
Ojos	marrones

- ¿Cómo te llamas?
- Me llamo _____
- ¿Cuál es tu nacionalidad?
- Soy _____
- ¿Cuántos años tienes?
- Tengo _____
- ¿Qué te gusta?
- Me gusta _____
- ¿Qué haces en tu tiempo libre?
- En mi tiempo libre _____
- ¿Cómo eres?
- Soy _____
- ¿Cómo es tu pelo?
- Tengo el pelo _____
- ¿De qué color son tus ojos?
- Tengo _____

 5 **Lee el texto y contesta a las preguntas en inglés.**

¡Hola! Me llamo Gerardo. Soy colombiano. Tengo catorce años. Vivo en Bogotá. Es la capital de Colombia y es una ciudad muy importante. Me gusta mucho.

Me encantan los videojuegos y el fútbol. Normalmente juego al fútbol en el parque con mis amigos. También juego en un equipo del instituto. Mañana voy a jugar un partido. En mi tiempo libre, juego con el ordenador o salgo con mis amigos. No escucho música. ¡Nunca voy de compras! ¡Qué aburrido!

Tengo los ojos marrones y el pelo corto y marrón. Tengo un hermano que se llama Rodrigo y una hermana que se llama Silvia. Soy inteligente pero un poco perezoso. No me gustan los deberes.

Por la tarde hago mis deberes, ceno y veo la televisión un poco. Me acuesto a las diez. ¡Buenas noches!

1 Give Gerardo's nationality and age.
2 Give two details about Bogotá.
3 What pastimes does Gerardo like?
4 What does he say about football?
5 What does Gerardo do in his free time?
6 What does he look like? Give four details.
7 How does he describe his personality?
8 What does Gerardo do in the afternoon?

 6 **Escribe una respuesta a Gerardo.**
Write a reply to Gerardo.

- *Answer the questions in exercise 4.*
- *Use connectives:* y, pero, también, …
- *Use time expressions:* normalmente, nunca, …

Mini-test

I can
- introduce myself and talk about activities
- express opinions using **me gusta**
- describe people's character and appearance
- **G** use **ser** and **tener**
- **G** use adjectives of nationality

1 Escucha y escribe la letra correcta. (1–8)

Ejemplo: **1** f

¿Adónde vas?

¿Qué vas a **hacer**?

a

Voy al cine.
*Voy a **ver** una película.*

b

Voy al parque.
*Voy a **jugar** al fútbol.*

c

Voy al centro comercial.
*Voy a **ir** de compras.*

d

Voy al estadio.
*Voy a **ver** un partido de fútbol.*

e

Voy al salón recreativo.
*Voy a **jugar** al futbolín.*

f

Voy a la playa.
*Voy a **tomar** el sol.*

g

Voy a la bolera.
*Voy a **jugar** a los bolos.*

h

Voy a la discoteca.
*Voy a **bailar**.*

salón recreativo = *amusement arcade*

2 Escribe una lista de los **infinitivos** del ejercicio 1. Luego escríbelos en inglés.

Ejemplo: hacer = to do

Gramática

If **a** *(to)* and **el** come together, they join up to make **al**.

Voy **al** estadio.
Voy **a la** playa.

Para saber más   página 133

**3 Elige un sitio.
Tu compañero/a dice
la actividad.**

*Choose a place. Your partner
says the activity.*

● Voy al cine.
■ Vas a ver una película.

Gramática

The near future tense

ir (to go)

voy a	
vas a	
va a	
vamos a	bailar
vais a	
van a	

Voy a **bailar**.
I'm going to dance.
¿Qué vas a **hacer**?
What are you going to do?
Vamos a **ver** un partido de fútbol.
We're going to see a football match.

Para saber más   página 130

 4 Escucha a Milena. Copia y rellena la tabla. (1–6)

Día	Sitio(s)	Actividad(es)
lunes	parque	fútbol

 **5 Lee el texto y mira los dibujos.
¿Verdadero o falso? Escribe V o F.**

Ejemplo: **1** F

La semana de Sergio

El lunes   Voy a tomar el sol y jugar al voleibol en la playa con mis amigos. Me gusta mucho.

El martes   Voy a ver un partido de fútbol en la televisión. ¡Qué guay! Me encanta el fútbol. Mi equipo preferido es el Barça y Ronaldinho es mi jugador favorito. No me gusta nada el Real Madrid.

El miércoles   Voy a ver una película de horror con una amiga. Va a ser muy divertido. Me encantan las películas de horror, pero no me gustan las películas románticas.

El jueves   Voy a salir con mis amigos. Vamos a bailar en una discoteca en el centro comercial. La discoteca se llama Ritmotrón.

El viernes   No voy a ir de compras porque no me gusta nada. Pero voy a jugar con mi ordenador. Tengo un juego nuevo que se llama 'Los cuatro fantásticos'. ¡Es estupendo!

El sábado   Voy a jugar al futbolín en el salón recreativo con mi mejor amigo Paco. ¡Por supuesto, voy a ganar!

El domingo

 6 Describe tu semana ideal. Da opiniones.

Ejemplo: El lunes no voy a ir al instituto. Voy a …

1 Escucha, copia y escribe los datos que faltan.

Ejemplo: **1** Me llamo Felipa la Flexible.

1 Me llamo …	**7** Normalmente por la mañana hago … o juego al …
2 ¿Mi nacionalidad? Soy …	**8** Por la tarde … gimnasia.
3 Tengo … años.	**9** Me levanto a las …
4 Tengo el pelo largo y … y los ojos …	**10** Normalmente me acuesto a las … y media.
5 Me encanta la música y la …	
6 No me gustan las …	

2 ¿Y mañana qué va a hacer Felipa? Escucha y pon los dibujos en el orden correcto.

¿Qué vas a hacer mañana? Mañana voy a …

Ejemplo: e, …

a

Voy a cenar con mi familia.

b

Voy a hacer gimnasia en una competición.

c

Voy a salir con mis amigas.

d

Voy a ver la televisión.

e

Voy a hacer natación.

3 Describe tu rutina.

● Normalmente …
● Por la mañana …
● Por la tarde …
● Mañana …
● Luego …

Gramática

Present or future? Look for:

	Present	Future
Time expressions	normalmente	mañana
Verbs	hago, juego, salgo, voy, ceno, veo	voy a hacer, voy a jugar, voy a salir, voy a ir, voy a cenar, voy a ver
Verbs in questions	¿Qué haces?	¿Qué vas a hacer?

Para saber más — página 131

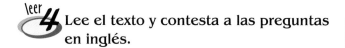
leer 4 Lee el texto y contesta a las preguntas en inglés.

calvo = *bald*	luchar = *to wrestle*
luchador = *wrestler*	emocionante = *exciting*
liso = *straight*	ganar = *to win*

Mi vida

www.carloselluchador.es

Me llamo Carlos el Calvo. Soy luchador. Vivo en Alicante, en España. Me encanta la lucha. Es un deporte de contacto muy interesante. Me gustan mucho las hamburguesas y los cómics. Hago deporte pero no me gusta mucho la natación. Soy bastante serio y no soy muy hablador, pero soy muy activo.

Mi hermano es bastante alto. Se llama Ricardo. Tiene el pelo castaño y liso. Tiene los ojos verdes. Es inteligente pero no es muy divertido. Todos los días va a la bolera y juega a los bolos. ¡Qué aburrido!

Mi vida es muy interesante. Normalmente por la mañana voy al polideportivo y hago deporte – fútbol, tenis, voleibol y baloncesto. Por la tarde lucho con mi equipo.

Mañana voy a ir a Valencia y voy a luchar en una competición muy importante. Va a ser muy emocionante. Creo que voy a ganar y si gano voy a mandar mensajes a todos mis amigos. Luego voy a salir con mi equipo y vamos a bailar en la discoteca toda la noche.

Ejemplo: **1** Carlos the Bald.

1 What is Carlos' wrestling name?
2 Where does he live? (2 details)
3 What does he like? (3 details)
4 Name one thing he doesn't like.
5 How does Carlos describe Ricardo's personality? (2 details)
6 Which sports does Carlos do in the morning? (4 details)
7 What is he going to do in Valencia? (1 detail)
8 What is he going to do if he wins? (3 details)

Carlos el Calvo

Ricardo

hablar 5 Con tu compañero/a, inventa una entrevista con un deportista.
With your partner, make up an interview with a sportsperson.

¿Cómo te llamas?	Me llamo …
¿Cuál es tu nacionalidad?	Soy …
¿Cuántos años tienes?	Tengo … años
¿Cómo eres?	Soy muy … Tengo el pelo … y los ojos …
¿Qué te gusta?	Me gusta(n) …/Me encanta(n) …
¿Qué no te gusta?	No me gusta(n) …/Odio …
¿Qué haces en tu tiempo libre?	Normalmente por la mañana … Por la tarde … / Luego … / Después …
¿A qué hora te levantas?	Me levanto a las …
¿A qué hora te acuestas?	Me acuesto a las …
¿Qué vas a hacer mañana?	Mañana voy a …

Resumen

Unidad 1

I can

- say what I do in my free time
- express opinions
- **G** use regular verbs in the present tense
- **G** use irregular verbs in the present tense

Mando mensajes. Bailo.
Me gusta la música. Me interesan los videojuegos.
Chateo por internet.
Voy de compras. Hago deporte.
Salgo con mis amigos.

Unidad 2

I can

- ask what someone's best friend is like
- describe someone's character
- describe someone's appearance

- **G** use connectives
- **G** use negatives
- **G** recognise the present tense forms of **tener** and **ser**

¿Cómo es tu mejor amigo/amiga?
Es divertida y habladora.
Tiene el pelo corto y castaño.
Tiene los ojos marrones. Es alto y delgado.
Es divertido **y también** generoso.
No es perezoso. **Nunca** es serio.
Antonio **tiene** dieciocho años.
Es bajo y guapo.

Unidad 3

I can

- give my nationality
- understand nationalities
- **G** make nationality adjectives agree

Soy inglés. Soy galesa.
español, escocesa, mexicana, estadounidense
Diego es mexicano. Alba es colombiana.

Unidad 4

I can

- name places in town
- ask someone where they are going
- say where I am going
- **G** use the near future tense
- **G** recognise infinitives in Spanish

la bolera, el estadio, el parque, …
¿Adónde vas?
Voy al centro comercial. Voy a la playa.
Voy a ver una película. Voy a tomar el sol.
jugar, hacer, ir, …

Unidad 5

I can

- interview someone about themselves, their routine and what they are going to do

- use time expressions

- **G** use the present and the future tense together

¿Cuál es tu nacionalidad?
¿Qué haces en tu tiempo libre?
¿Qué vas a hacer mañana?
Normalmente, **por la mañana** hago ciclismo.
Por la tarde hago gimnasia.
Luego hago natación y **después** ceno.
Normalmente hago deporte y mañana voy a jugar al baloncesto.

Prepárate

1 Escucha. ¿Quién habla? ¿Paco o Pepe?

2 Con tu compañero/a, haz diálogos.

● ¿Cuál es tu nacionalidad?
■ Soy <u>escocés</u>.
● ¿Cómo eres?
■ Soy <u>generoso</u> y <u>divertido</u>.

3 Pon los dibujos en el orden correcto del texto.

Ejemplo: d, …

Jorge

Normalmente, los fines de semana juego al fútbol en el parque con mis amigos, pero mañana no voy a jugar al fútbol. Voy a ir al estadio y voy a ver un partido de fútbol: Real Madrid y Valencia.

Normalmente, los fines de semana no hago mis deberes, pero el domingo no voy a salir. Voy a estudiar porque tengo exámenes el lunes. Después voy a chatear un poco por internet y luego voy a escuchar música. Me gusta mucho la música cubana. También me gusta mucho jugar con el ordenador y voy a jugar un rato si tengo tiempo.

4 Describe tu fin de semana utilizando el texto del ejercicio 3 como modelo.

Ejemplo: Normalmente, los fines de semana hago natación en la piscina, pero mañana …

Escucha y lee.

1

D – Lo siento.
P – Lo siento.
D – ¡Hola! Me llamo Diego. **Soy** español.
 Mucho gusto, mucho gusto …

2

D – ¿Cómo te llamas? ¿Cuál es tu
 nacionalidad?
P – Me llamo Patricia. Soy mexicana
 pero **vivo** en Barcelona.

3

D – Yo también vivo en Barcelona. ¿Y te gusta
 Barcelona, Patricia?
P – ¡Ah sí, me encanta, me encanta! Es una
 ciudad muy interesante y muy importante
 también, porque es la capital de Cataluña. Me
 gustan los monumentos y las galerías de arte.

4

D – ¿Qué **haces** en tu tiempo libre, Patricia?
P – Me encanta la música. **Escucho** de todo.
 Me gusta bailar.

5

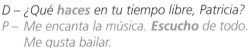

P – ¿Y tú? ¿Qué haces en tu tiempo libre?
D – **Chateo** por internet. Me gustan los videojuegos.
 Juego con el ordenador y **mando** mensajes.
 Me gusta mucho la informática. Aquí tienes mi
 correo electrónico.

6

P – ¡Hola Ana! ¿Qué tal?
 Conocí a un chico hoy. Es alto y delgado.
 Tiene el pelo castaño y los ojos azules …

lo siento =	I'm sorry
mucho gusto =	pleased to meet you
conocí a =	I got to know
hoy =	today

2 Con tu compañero/a, lee en voz alta la historia de Diego y Patricia.
With your partner, read the story of Diego and Patricia aloud.

3 Escribe los infinitivos de los verbos de la historia. Luego escríbelos en inglés.
*Write the infinitives of the verbs in **orange** in the story. Then write them in English.*

Present tense	Infinitive
soy = I am	ser = to be

4 Lee la historia otra vez y escribe Diego (D), Patricia (P) o Diego y Patricia (DP).

1 ¿Quién es español?
2 ¿Quién es mexicana?
3 ¿Quién vive en Barcelona?
4 ¿Quién tiene el pelo castaño y los ojos azules?
5 ¿Quién juega con el ordenador?
6 ¿Quién escucha música y baila en su tiempo libre?

5 Mañana vas a visitar Barcelona. Describe tus planes en español.

Ejemplo: Mañana voy a ir a Barcelona. Voy a …

- Say you are going to go to Barcelona tomorrow.
- Say it is the capital of Catalonia.
- Say you are going to see the Columbus monument.
- Say you are also going to visit art galleries.
- Say what you are going to eat and drink.
- Say you like Barcelona because it's an interesting town.

> Voy a ir a …
> ver …
> visitar …
> comer …
> beber …

> Colón = *(Christopher) Columbus*
> cafetería = *café*
> catalán = *Catalan (a language spoken in Catalonia and in parts of France and Sardinia)*

6 Escucha el texto de Zona Cultura.

ZONA CULTURA

Barcelona

Barcelona está en el noreste de España. Es una ciudad muy importante.

Hay monumentos interesantes, galerías de arte y muchos restaurantes y cafeterías.

Barcelona es la capital de la región de Cataluña. En Cataluña se habla catalán.

CATALUÑA

Barcelona

Monumento a Colón

Las Ramblas

Plaza de Cataluña

leer 1 **Which is the odd one out? Give a reason why.**

? **Need help?** Go to Unidad 1
? **Want to know more?** Go to page 129

Example: **1** 'Voy de compras' because it is an irregular verb.

1	Voy de compras.	Bailo.	Escucho música.
2	Jugamos con el ordenador.	Hago deporte.	Bailamos.
3	Chateo por internet.	Mando mensajes.	Salgo.
4	¿Mandas mensajes?	¿Sales con tus amigos?	¿Chatean por internet?
5	Juego con el ordenador.	Chatea por internet.	Manda mensajes.
6	Escuchan música.	Van de compras.	Mandamos mensajes.

leer 2 **Write the text out correctly, then decide which is the correct picture: a, b or c.**

? **Need help?** Go to Unidad 1
? **Want to know more?** Go to page 132

Example: No me (**1**) gustan las hamburguesas pero …

No me ⁽¹⁾ **gusta / gustan** las hamburguesas pero me ⁽²⁾ **gusta / gustan** las patatas fritas y me ⁽³⁾ **gusta / gustan** la limonada.

Me ⁽⁴⁾ **encanta / encantan** los cómics y también me ⁽⁵⁾ **interesa / interesan** los videojuegos.

No me ⁽⁶⁾ **gusta / gustan** el deporte. No me ⁽⁷⁾ **gusta / gustan** nada el fútbol. A ver … y no me ⁽⁸⁾ **gusta / gustan** mucho la natación.

a  **b**  **c**

escribir 3 **Describe these people.**

? **Need help?** Go to Unidad 2
? **Want to know more?** Go to page 127

Example: Elena es colombiana. Es divertida y habladora. También es muy inteligente.

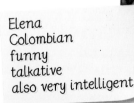
Elena
Colombian
funny
talkative
also very intelligent

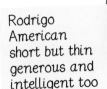
Pepe
Chilean
tall
good-looking
very generous

Rodrigo
American
short but thin
generous and
intelligent too

4 Decode these questions and translate them into English.

Example: **1** ¿Cómo te llamas? What are you called?

^	¿	→	g	=	ó
+	?	∆	h	!	p
$	a	@	i	✧	q
*	á	~	l	π	r
∞	b	%	ll	↘	s
←	c	ϒ	m	☺	t
✳	d	○	n	#	u
ℓ	e	Ω	ñ	&	v
■	é	✧	o		

1 ^←=ϒ✧ ☺ℓ %$ϒ$↘+

2 ^←#*○☺✧↘ $Ω✧↘ ☺@ℓ○ℓ↘+

3 ^←#*~ ℓ↘ ☺# ○$←@✧○$~@✳$✳+

4 ^✧#■ ☺ℓ →#↘☺$+

5 ^✧#■ ∆$←ℓ↘ ℓ○ ☺# ☺@ℓϒ!✧ ~@∞ π ℓ+

6 ^✧#■ &$↘ $ ∆$←ℓ π ϒ$Ω$○$+

5 Write six sentences each containing one element from each crystal ball. Translate your sentences into English.

> **?** *Need help?* Go to Unidad 4
> **?** *Want to know more?* Go to page 130

Example: **1** El lunes vamos a ver una película.
On Monday we are going to see a film.

El lunes	voy a	jugar a los bolos
Mañana	vas a	ir de compras
Mañana por la mañana	va a	ver una película
Mañana por la tarde	vamos a	ver un partido de fútbol
A las cuatro	vais a	tomar el sol
Más tarde	van a	bailar

6 Copy out the text and fill in the gaps using the verbs from the box.

> **?** *Need help?* Go to Unidad 5
> **?** *Want to know more?* Go to page 130

Normalmente los fines de semana, ⁽¹⁾ chateo por internet y no ⁽²⁾ ~ mucho, pero mañana ⁽³⁾ ~ un partido de fútbol muy especial, un partido internacional: España e Italia.

⁽⁴⁾ ~ muy, muy divertido y el equipo español ⁽⁵⁾ ~ . ¡Eso espero! Después ⁽⁶⁾ ~ al salón recreativo con mis amigos y ⁽⁷⁾ ~ al futbolín un rato. Más tarde vamos a ir a la discoteca y ⁽⁸⁾ ~ .

Ramón

vamos a jugar	voy a ver	voy a ir	chateo
salgo	Va a ser	vamos a bailar	va a ganar

Palabras

En mi tiempo libre · *In my free time*

¿Qué haces en tu tiempo libre? · *What do you do in your free time?*
Bailo. · *I dance.*
Chateo por internet. · *I chat online.*
Escucho música. · *I listen to music.*
Hago deporte. · *I do sport.*
Juego con el ordenador. · *I play on my computer.*
Mando mensajes. · *I send messages.*
Salgo con mis amigos. · *I go out with my friends.*
Voy de compras. · *I go shopping.*

¿Qué te gusta? · *What do you like?*
Me gusta … · *I like …*
Me interesa … · *I'm interested in …*
Me encanta … · *I love …*
el fútbol · *football*
la música · *music*
la natación · *swimming*
Me gustan … · *I like …*
Me interesan … · *I'm interested in …*
Me encantan … · *I love …*
los cómics · *comics*
los videojuegos · *video games*
las hamburguesas · *hamburgers*

¿Qué no te gusta? · *What don't you like?*
No me gusta la música. · *I don't like music.*
Odio el fútbol. · *I hate football.*
No me interesan los cómics. · *I'm not interested in comics.*

Los amigos · *Friends*
tu mejor amigo/a · *your best friend*
¿Cómo es? · *What is he/she like?, What does he/she look like?*

Es … · *He/She is …*
alto/a · *tall*
bajo/a · *short*
delgado/a · *slim*
guapo/a · *good-looking, attractive*

¿Cómo es de carácter? · *What kind of person is he/she?*
Es … · *He/She is …*
No es … · *He/She isn't …*
Nunca es … · *He/She is never …*
divertido/a · *amusing*
generoso/a · *generous*
hablador(a) · *talkative, chatty*
inteligente · *intelligent*
perezoso/a · *lazy*
serio/a · *serious*

¿Cómo es su pelo? · *What is his/her hair like?*
Tiene el pelo … · *He/She has … hair.*
  castaño · *brown*
  negro · *black*
  pelirrojo · *red*
  rubio · *fair, blond*
  corto · *short*
  largo · *long*
  ondulado · *wavy*

¿De qué color son sus ojos? · *What colour are his/her eyes?*
Tiene los ojos … · *He/She has … eyes.*
  azules · *blue*
  grises · *grey*
  marrones · *brown*
  verdes · *green*

Nacionalidades · *Nationalities*
¿Cuál es tu nacionalidad? · *What is your nationality?*
Soy … · *I'm …*
argentino/a · *Argentinian*
chileno/a · *Chilean*
colombiano/a · *Colombian*
escocés/escocesa · *Scottish*
español(a) · *Spanish*
estadounidense · *American*
galés/galesa · *Welsh*
inglés/inglesa · *English*
irlandés/irlandesa · *Irish*
mexicano/a · *Mexican*

¿Adónde vas?	*Where are you going (to)?*
Voy …	*I'm going …*
al centro comercial	*to the shopping centre*
al cine	*to the cinema*
al estadio	*to the stadium*
al parque	*to the park*
al salón recreativo	*to the amusement arcade*
a la bolera	*to the bowling alley*
a la discoteca	*to the disco*
a la playa	*to the beach*

¿Qué vas a hacer?	*What are you going to do?*
Voy a …	*I'm going …*
bailar	*to dance/go dancing*
ir de compras	*to go shopping*
jugar al fútbol	*to play football*
jugar al futbolín	*to play table football*
jugar a los bolos	*to go bowling*
tomar el sol	*to sunbathe*
ver un partido de fútbol	*to see a football match*
ver una película	*to see a film*

Mi semana	*My week*
el lunes	*Monday*
el martes	*Tuesday*
el miércoles	*Wednesday*
el jueves	*Thursday*
el viernes	*Friday*
el sábado	*Saturday*
el domingo	*Sunday*

Mi rutina diaria	*My daily routine*
Me levanto a las …	*I get up at …*
Me acuesto a las …	*I go to bed at …*

¿Cuándo?	*When?*
después	*afterwards*
luego	*then*
normalmente	*normally*
por la mañana	*in the morning*
por la tarde	*in the evening*
primero	*first*

Palabras muy útiles	*Very useful words*
nunca	*never*
pero	*but*
también	*also*
y	*and*
o	*or*
primero	*first*
después	*afterwards*
luego	*then*

Estrategia

Building your vocabulary

Try to collect words so that you can use them again. Here are some ideas:

1   Note down words in different categories:
    Verbs
    Adjectives
    Nouns
    Cognates

2   Note down words under different topic headings:
    Hobbies
    Locations
    Appearance
    Character
    Opinions

3   Note down words as pairs of opposites:
    alto/a – bajo/a

4   If you find a word difficult to remember, write out a sentence using it:
    lazy = perezoso
    Mi mejor amigo es inteligente, pero un poco **perezoso**.

¡Diviértete!
2

1 La televisión

● Talking about television programmes
● Giving opinions using adjectives

escuchar 1 Escucha y escribe la letra correcta. (1–10)

> ¿Cuál es tu programa favorito?

> Mi programa favorito se llama … Es un/una …

a

un programa de música

b

un programa de deporte

c

un programa de tele-realidad

d

un concurso

e

un documental

f

una comedia

g
una serie de policías

h

una telenovela

i

el telediario

j

el tiempo

escuchar 2 Escucha otra vez. ¿Cómo se llaman los programas? Escribe la letra correcta.

Ejemplo: **1** b

a Los Simpson
b Territorio champions
c Andalucía es su nombre
d Ley y orden
e El mundo hoy

f El tiempo hoy
g Músicauno
h Gran Hermano
i ¿Quién quiere ser millonario?
j Yo soy Bea

hablar 3 Con tu compañero/a, haz diálogos cambiando los datos subrayados.

● ¿Cuál es tu programa favorito?
■ Mi programa favorito se llama <u>EastEnders</u>. Es <u>una telenovela</u>.
● ¿Por qué te gusta?
■ Porque es muy <u>interesante</u> y bastante <u>emocionante</u>.

> ¿por qué? = *why?*
> porque = *because*

4 Lee el texto. Copia y rellena la tabla.

Programa mencionado	Opinión: positivo 😊 o negativo 😞	Razón
los programas de deporte	😊	emocionantes

Me gustan mucho los programas de deporte porque son emocionantes. También me gustan las comedias. Son muy divertidas. Mi programa favorito se llama *Little Britain*. Y me encantan los documentales porque son interesantes y también educativos. Pero no me gustan nada los programas de tele-realidad porque no son educativos y son aburridos. Odio las series de policías, son tontas. ¡Qué aburridas! Prefiero los concursos porque son informativos.

Me gustan Me encantan Me interesan No me gustan Odio Prefiero	los programas de … los concursos los documentales las comedias las series de policías las telenovelas	porque son	emocionantes divertidos/as interesantes educativos/as informativos/as aburridos/as malos/as tontos/as

 5 Escribe ocho frases sobre los programas que te gustan y los que no te gustan.

Ejemplo: Me encantan las telenovelas porque son emocionantes y divertidas.

 6 Escucha y lee.

1 TVE1

TARDE
3:00 Reptiles. Documental
4:00 Piel de otoño. Telenovela
5:05 Deportes – la revista. Programa de deporte
6:10 Supermodelo. Programa de tele-realidad
8:00 Telediario

2 La 2

TARDE
3:00 El tiempo
3:05 ¿Quién quiere ser millonario? Concurso
4:00 Música, música
5:00 Yo soy Bea. Telenovela
6:00 Aladina. Comedia
8:00 Ley y orden. Serie de policías

● ¿Qué vamos a ver esta tarde?
■ ¿Qué ponen?
● A ver, hay *Reptiles*.
■ ¿Qué es?
● Es un documental.
■ Ah, no. No me gustan nada los documentales. Son aburridos.
● Vale. Ponen un concurso. ¿Te gustan los concursos?
■ Ah, sí. Me gustan mucho los concursos porque son interesantes y divertidos.
● ¡Genial!

¿Qué ponen? = *What's on?*

 7 Con tu compañero/a, haz un diálogo planeando los programas a ver utilizando el diálogo del ejercicio 6 como modelo.

2 Las películas

 1 Escucha y escribe la letra correcta y la opinión. (1–9)

Ejemplo: **1** b 😊

> ¿Qué tipo de películas (no) te gustan?

a

las películas de amor

b

las películas de acción

c

las películas de terror

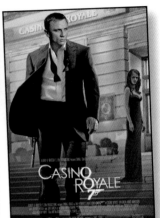

d

las películas de ciencia-ficción

e

las películas de guerra

f

las películas del Oeste

g

las películas de artes marciales

h

las comedias

i

los dibujos animados

 2 Escucha y lee. Escribe las frases en inglés. (1–6)

Ejemplo: **1** Horror films are more exciting than romantic films.

1 Las películas de terror son más emocionantes que las películas de amor.

2 Los dibujos animados son menos interesantes que las películas de ciencia-ficción.

3 Las películas de guerra son más educativas y más informativas que las películas de artes marciales.

4 No me gustan las películas de amor. Prefiero las películas de terror porque son más divertidas.

5 No me gustan los dibujos animados. Son tontos. Las comedias son mejores.

6 Odio las películas de acción porque son aburridas. Son peores que las películas de guerra.

Gramática

Comparatives

más + adjective + **que** *more ... than*
menos + adjective + **que** *less ... than*

mejor (singular)/**mejores** (plural) = *better*
peor (singular)/**peores** (plural) = *worse*

Remember adjectives must agree with the noun they describe.

Para saber más   página 128

escribir 3 Escribe las frases siguientes.

Ejemplo: **1** Las películas del Oeste son menos divertidas que las comedias.

Leyenda
↑ = más ... que
↓ = menos ... que

1 ↓ divertidas .

2 ↑ emocionantes .

3 ↓ interesantes .

4 ↓ informativos .

5 ↑ educativas  .

6 ↑ aburridas .

 hablar 4 Con tu compañero/a, haz diálogos cambiando los datos subrayados.

- ● ¿Qué tipo de películas te gustan?
- ▨ Me gustan <u>las películas de ciencia-ficción</u>.
- ● ¿Qué tipo de películas no te gustan?
- ▨ No me gustan <u>las películas del Oeste</u>.
- ● ¿Por qué prefieres <u>las películas de ciencia-ficción</u>?
- ▨ Porque son <u>más interesantes</u> que <u>las películas del Oeste</u>.

leer 5 Lee el texto y contesta a las preguntas en inglés.

Ejemplo: **1** At seven.

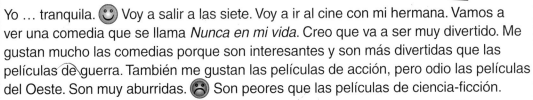

¡Hola Pili! ¿Qué tal?

Yo … tranquila. 😊 Voy a salir a las siete. Voy a ir al cine con mi hermana. Vamos a ver una comedia que se llama *Nunca en mi vida*. Creo que va a ser muy divertido. Me gustan mucho las comedias porque son interesantes y son más divertidas que las películas de guerra. También me gustan las películas de acción, pero odio las películas del Oeste. Son muy aburridas. 😞 Son peores que las películas de ciencia-ficción.

Mi actor favorito es Daniel Craig, el nuevo James Bond. ¡Qué guapo es! 😊 Me encantan las películas de acción porque son más emocionantes que los dibujos animados o las películas de amor. ¿Qué tipo de películas te gustan, Pili?

¡Hasta luego!
Ana

1 At what time is Ana going to go out?
2 With whom is she going out?
3 What type of film is she going to see?
4 What does she think it is going to be like?
5 What does she say about war films?
6 What does she think of Westerns?
7 Who is her favourite actor?
8 Why does she like action films?

 escribir 6 Describe tus planes para ir al cine utilizando el texto del ejercicio 5 como modelo.

- ● *Say where you are going, when and with whom, e.g.* **voy a salir a las …, voy a ir al/a la … con …**
- ● *Include opinions and comparisons using* **más … que** *and* **menos … que**.
- ● *Use connectives such as* **y, pero, también** *and* **o**.

3 ¿Te gustaría ir a la bolera?

escuchar 1 Escucha y lee el diálogo.

Susa: Hola Rico, ¿qué tal?
Rico: Muy bien, ¿y tú?
Susa: Muy bien. Oye, ¿te gustaría ir al estadio el jueves?
Rico: Muy bien. ¿A qué hora?
Susa: Bueno … a las tres.
Rico: ¿Dónde quedamos?
Susa: Delante del estadio.
Rico: Hasta luego.
Susa: Hasta luego.

> **¿Te gustaría …?** *(Would you like to …?)* is very useful for inviting people to do something. Like **Voy a …,** it's always followed by an infinitive.

escuchar 2 Escucha y rellena la tabla en inglés. (1–6)

	Place to go/activity	Day	Time to meet	Place to meet
1	bowling alley	Tuesday	6:45	in bowling alley

¿Te gustaría ir	al parque?
	al estadio?
	al salón recreativo?
	a la bolera?
	a la discoteca?
	de compras?
¿A qué hora?	A las tres
	A las cinco y media
	A las seis y cuarto
	A las siete menos cuarto
	A las ocho
	A las nueve
¿Dónde quedamos?	Delante de la discoteca
	Detrás del centro comercial
	En el parque
	En la bolera
	En la calle
	En tu casa

Gramática

en	*in*
a	*to*
delante de	*in front of*
detrás de	*behind*

a + el = **al**
de + el = **del**

Para saber más   página 133

escuchar 3 Escucha otra vez. Escribe las frases que entiendes.

Listen again. Write down the phrases you hear.

> De acuerdo.
> Vale.
> Muy bien.

> No tengo ganas.
> ¡Ni hablar!
> ¡Ni en sueños!

> Bueno …
> Pues …
> A ver …

> Hasta luego.
> Adiós.
> Hasta pronto.

hablar 4 Con tu compañero/a, haz cuatro diálogos. Utiliza las frases de los ejercicios 2 y 3.

martes　　　　　domingo　　　　　viernes　　　　　sábado

leer 5 Lee el texto y dibuja 😊 o 😞 para cada actividad.

1 **2** **3** **4**

miespacio.com

miespacio *El lugar de los amigos*

| Vídeos | Favoritos | Foros | Grupos | Música |

Chicachica

chica
16 años
Badalona
Última entrada:
4/10/08

Chicachica	¡Hola Luluazul! ¿Te gustaría ir a la bolera el viernes a las ocho?
Luluazul	¡Ni en sueños! Odio jugar a los bolos. No me gusta nada.
Chicachica	A ver, entonces, ¿quieres ir al cine? ¿Te gustaría ver una película?
Luluazul	No, Chicachica, no tengo ganas.
Chicachica	Bueno, ¿te gustaría ir al salón recreativo? Vamos a jugar al futbolín.
Luluazul	¡Ni hablar! No me gusta nada jugar al futbolín.
Chicachica	¿Qué vamos a hacer entonces?
Luluazul	¿Te gustaría ir a la discoteca?
Chicachica	Síííííí, me encanta bailar. ¿Dónde quedamos?
Luluazul	En tu casa a las nueve.
Chicachica	Muy bien. ¡Hasta luego, Luluazul! Je je. 😊

Mini-test

I can
● talk about television programmes
● give opinions and reasons
● compare different types of films
G use comparatives
G use prepositions

escribir 6 Escribe un diálogo entre dos personas chateando. Utiliza el ejercicio 5 como modelo.

1 Escucha. ¿Quién habla? Escribe el nombre. (1–8)

¿Quieres salir?

No, …

Ejemplo: **1** Antonio

Tengo que hacer mis deberes.

Carolina

Tengo que ordenar mi dormitorio.

Sergio

Tengo que pasear al perro.

Antonio

Tengo que lavarme el pelo.

Rosa

No quiero.

Sergio

No tengo dinero.

Eduardo

No tengo tiempo.

María

Lo siento, no puedo.

Alejandro

2 Escucha y rellena la tabla en inglés. (1–6)

	Activity	Excuse
1	football	has to walk dog

Gramática

tener = *to have*
tener que + **infinitive** = *to have to*

Tengo un perro.　　　　*I have a dog.*
Tengo que pasear al perro.　*I have to walk the dog.*

Para saber más　　　　　　　**página 130**

3 Con tu compañero/a, haz diálogos.

● ¿Quieres <u>ver un partido de fútbol</u>?
■ Lo siento, no puedo.
● ¿Por qué?
■ Porque <u>no tengo tiempo</u>.

¿Quieres …?	ir a la discoteca
	ir de compras
	chatear por internet
No puedo	ver un partido de fútbol
	ver una película
	jugar a los bolos
	jugar al fútbol

Gramática

Poder and **querer** are stem-changing verbs. They are usually followed by an **infinitive**.

querer	to want	poder	to be able to/'can'
qu**ie**ro	I want	p**ue**do	I can
qu**ie**res	you want	p**ue**des	you can
qu**ie**re	he/she wants	p**ue**de	he/she can
queremos	we want	podemos	we can
queréis	you (plural) want	podéis	you (plural) can
qu**ie**ren	they want	p**ue**den	they can
¿Quieres **salir**?	Do you want to go out?	No puedo **salir**.	I can't go out.

Para saber más   página 129

4 Escucha y canta.

5 Busca estas frases en español en la canción.

Ejemplo: **1** No, no puedo.

1 No, I can't.
2 I hate the cinema.
3 No, I don't want to.
4 I'm sorry.
5 I haven't any money.
6 I have to tidy the lounge.

> hace viento = *it's windy*
> sólo = *only*
> pastel = *cake*

¿Por qué?

¿Por qué siempre me dices 'no'?
'No, no puedo',
'No, no quiero',
'No tengo dinero'.

 ¿Te gustaría ir a la playa
el lunes por la noche?
'Creo que no, lo siento,
porque hoy hace mucho viento.'

 ¿Quieres ver una peli
el martes a las cuatro?
'Lo siento, odio el cine.
Sólo me gusta el teatro.'

 ¿Este fin de semana
quieres ir a la bolera?
'No, quiero ver la televisión
y tengo que ordenar el salón.'

 ¿Te gustaría ir de compras
el miércoles a las tres?
'No tengo dinero, pero vale,
si me compras un pastel.'

6 No quieres salir. Inventa la excusa más larga.
You don't want to go out. Make up the longest excuse you can.

Ejemplo: No puedo salir. Tengo que lavarme el pelo y después pasear al perro …
y luego … después … más tarde …

● Saying what someone else likes or dislikes
● Using phrases with infinitives

1 Escucha y lee.

Sergio: Mamá, me gustaría ir al concierto de Shakira y luego a la discoteca. ¿Tienes 20 euros?

Mamá: Pero Sergio, hoy vamos a la ópera. Tu hermana es la cantante principal.

Sergio: Mamá, ini en sueños! No me gusta nada la ópera. Es muy aburrida. No puedo ir. Sólo me gusta la música moderna. Quiero salir con mis amigos y bailar. Me gusta mucho bailar.

Mamá: Lo siento, Sergio, pero tienes que ir a la ópera.

Sergio: Mamá, por favor, odio hacer cosas en casa, pero esta semana voy a ordenar el dormitorio y también voy a hacer mis deberes.

Mamá: Eso es fantástico, en tal caso puedes …

Sergio: ¡Qué guay! ¡Gracias, mamá!

Mamá: … hacer los deberes ahora, pero tienes que ir a la ópera luego.

Sergio: Pero mamá, por favor …

> concierto = *concert*
> cantante = *singer*
> sólo me gusta = *I only like*
> cosas en casa = *things at home*
> en tal caso = *in that case*

> What do all these expressions have in common?
>
> Me gusta …   (*I like …*)
> Me gustaría …   (*I would like to …*)
> Tienes que …   (*You have to …*)
> Tengo que …   (*I have to …*)
> Quiero …   (*I want to …*)
> Voy a …   (*I am going to …*)
>
> They are all followed by an **infinitive**.

2 Con tu compañero/a, lee el diálogo.

Gramática

To say that someone likes or dislikes something, use **le**.

Le gusta bailar.	*He/She likes to dance.*
No **le** gusta la ópera.	*He/She doesn't like opera.*

To make it clear who you are talking about, add **a** + the person's name.

A Sergio le gusta ir a la discoteca.	*Sergio likes to go to the disco.*
A Sergio no le gusta hacer los deberes.	*Sergio doesn't like to do homework.*

Para saber más   página 132

3 Con tu compañero/a, pregunta y contesta.

● ¿A Sergio le gusta la ópera?
■ No, no le gusta nada la ópera.

1 ¿A Sergio le gusta la ópera?
2 ¿Qué tipo de música le gusta?
3 ¿Le gusta bailar?
4 ¿Qué cosas no le gusta hacer?
5 ¿Le gusta ir a la discoteca?

4 Empareja los problemas con los consejos de Tatiana.
Match up the problems with Tatiana's advice. (There is one solution too many.)

Los consejos de Tatiana ...

1 Tatiana, tengo un problema. Mi hermano, para su cumpleaños, va a jugar a los bolos con sus amigos. Yo tengo que ir, pero no tengo ganas. ¡No es justo! Odio jugar a los bolos. ¡Es muy, muy aburrido! ¿Qué voy a hacer?
Juana, Bilbao

2 Generalmente, no salgo mucho. No me gusta nada. Prefiero jugar con el ordenador o ver la televisión. También me gusta hacer mis deberes y escuchar música en mi dormitorio. Mis padres dicen que tengo que salir más, pero no quiero …
Pepe, Almagro

3 Me encanta el fútbol y el sábado quiero ver un partido de fútbol en el centro. Mi madre dice que no puedo ir porque soy demasiado joven. Pero quiero ir con un amigo que tiene dieciocho años. Es un amigo muy responsable. ¿Qué le puedo decir a mi madre?
Javier, Madrid

a Estoy de acuerdo con tu padre – eres demasiado joven para ir a la discoteca.

b Tienes que pensar en tu hermano. Es su día especial. Tienes que salir con él.

c Tienes que presentar el amigo a tu madre. Tu madre puede decidir si él es responsable o no.

d Tu vida es un poco triste. Tienes que salir más. No es sano pasar tanto tiempo en tu dormitorio.

demasiado = *too*
sano = *healthy*
pasar = *to spend*
tanto tiempo = *so much time*

 5 Lee los textos otra vez. Busca estas frases en español.

1 What am I going to do?
2 My parents say that I have to go out more.
3 Your life is a bit sad.
4 What can I tell my mother?
5 It's not fair!
6 I have a problem.
7 I agree with your father.
8 You are too young.

 6 Describe un problema. Utiliza los textos como modelos.

Gramática

Possessive adjectives

Like other adjectives, these change to agree with singular and plural nouns.

	singular	plural
my	mi ⎫	mis ⎫
your	tu ⎬ hermano	tus ⎬ padres
his/her	su ⎭	sus ⎭

Para saber más página 128

Resumen

Unidad 1

I can
- *name types of television programmes*
- *ask someone about their favourite TV programme*
- *talk about my favourite programme*

- *give opinions and reasons*

- **G** *make nouns, verbs and adjectives agree*

un concurso, un programa de deporte, el telediario
¿Cuál es tu programa favorito?

Mi programa favorito se llama *EastEnders*.
Es una telenovela.
Me encantan los documentales porque son interesantes y también educativos.
Es una comedia. **Me gusta** porque **es divertida**.

Unidad 2

I can
- *name different types of films*
- *ask someone what sort of films they like*
- **G** *use comparatives*

- **G** *use **mejor** and **peor***

las películas de guerra, las comedias
¿Qué tipo de películas te gustan?
Las películas de terror son **más** emocionantes y **menos** aburridas **que** las películas de amor.
No me gustan los dibujos animados. Las comedias son **mejores**.
Las películas de acción son **peores** que las películas de guerra.

Unidad 3

I can
- *invite someone to go out*
- *arrange a time*
- *arrange a place to meet*
- *use filler phrases*
- *say that I agree*
- **G** *use prepositions*

¿Te gustaría ir al estadio el jueves?
¿A qué hora? A las tres.
¿Dónde quedamos? Delante del estadio.
A ver …, Pues …, Bueno …
De acuerdo. Vale. Muy bien.
delante del centro comercial, **en** la bolera

Unidad 4

I can
- *turn down an invitation*
- *make an excuse*
- **G** *use **tener que** + infinitive*
- **G** *use **querer/poder** + infinitive*

Lo siento, no puedo.
No tengo dinero.
Tengo que ordenar mi dormitorio.
No quiero salir. No puedo jugar al fútbol.

Unidad 5

I can
- *talk about what other people like*
- **G** *understand phrases with infinitives*
- **G** *understand possessive adjectives*

. A Sergio le gusta bailar.
Tengo que …, No quiero …, Voy a …
mis padres, **su** día especial, **tu** madre

Prepárate

1 Escucha. Copia y rellena la tabla. (1–5)

	What?	When?	Where?
1	football match	Thursday	in front of stadium

2 Con tu compañero/a, haz diálogos.

- ● ¿Quieres <u>ir a la bolera</u>?
- ■ Lo siento, no puedo.
  <u>Tengo que pasear al perro</u>.

3 Lee el texto y elige la palabra correcta.

Ejemplo: **1** mejor

¿Cuál es mi programa favorito? A ver, me gustan mucho los concursos de la televisión. Me gusta *¿Quién quiere ser millonario?* pero *Aquí se gana* es mejor. También me gustan los programas de tele-realidad porque son más divertidos que las telenovelas. Esta tarde voy a ver *Gran Hermano* y mañana voy al cine con mis amigos. Vamos a ver una película de artes marciales. Me gustan las películas de artes marciales porque son divertidas y son más emocionantes que las películas del Oeste.

Roberto

En la opinión de Roberto …

1 *Aquí se gana* es **mejor / peor** que *¿Quién quiere ser millonario?*
2 *¿Quién quiere ser millonario?* es **mejor / peor** que *Aquí se gana*.
3 Los programas de tele-realidad son **más / menos** aburridos que las telenovelas.
4 Las telenovelas son **más / menos** divertidas que los programas de tele-realidad.
5 Las películas de artes marciales son **más / menos** emocionantes que las películas del Oeste.

4 Contesta a estas preguntas en español.

- ● ¿Cuál es tu programa favorito? ¿Por qué?
- ● ¿Qué tipos de película te gustan? ¿Por qué?
- ● ¿Qué tipos de película no te gustan? ¿Por qué?
- ● Vas al cine mañana. ¿Qué tipo de película vas a ver?

 Escucha y lee.

1

> D >¡Hola! Patricia. ¿Qué tal?
> P >Bien, gracias, Diego.
>   ¿Y tú? ¿Cómo estás?

2

> D >Muy bien, gracias. 😊
>   Dime Patricia, ¿te
>   gustaría salir conmigo?
> P >¿Adónde?

3

> D >Pues, no sé.
>   Podemos ir a la
>   bolera o quizás
>   a la playa. Tú
>   decides.

4

> P >Me gustaría mucho ir a la
>   playa. Tomo el sol todos
>   los fines de semana.

5

viernes

> P >¿Cuándo nos vemos entonces?
> D >¿El viernes por la tarde?
> P >No, Diego. Lo siento, el
>   viernes por la tarde no
>   puedo. Tengo que jugar al
>   fútbol. 😞

6

sábado

> D >Hmm … ¿El sábado por la tarde
>   entonces? ¿Está bien?
> P >De acuerdo. Quedamos delante
>   de la estación.
> D >Muy bien. ¡Hasta luego! 😊

conmigo = *with me*
quizás = *perhaps*
entonces = *then*

2 Contesta a las preguntas en español. ¡Cuidado con los verbos!

Ejemplo: **1** Diego quiere ir a la bolera o a la playa.

1 ¿Adónde quiere ir Diego?
2 ¿Adónde quiere ir Patricia?
3 ¿Qué hace Patricia los fines de semana?

4 ¿Qué hace Patricia el viernes por la tarde?
5 ¿Cuándo van a salir Diego y Patricia?
6 ¿Dónde van a quedar Diego y Patricia?

 3 Lee los textos y contesta a las preguntas en inglés.

Gael García Bernal es un actor mexicano excepcional y muy guapo. Nació el 30 de noviembre de 1978 en Guadalajara. Habla español, inglés, francés e italiano.

A Gael le gusta leer y bailar salsa, pero el fútbol es su pasión. No le gustan nada las preguntas sobre su vida privada. En este momento está soltero, pero Gael dice que va a buscar el amor de su vida.

soltero = *single*

Filmografía

2006 *Babel*
2004 *Diarios de motocicleta*
2001 *Y tu mamá también*
2000 *Amores perros*

Penélope Cruz, 'Pe' para los amigos, nació en Madrid el 28 de abril de 1974. Actúa en comedias, películas de amor, películas de acción – es una actriz fenomenal.

A Penélope le gusta el chocolate, la comida japonesa, la música clásica y la natación. También le gusta bailar y leer. Penélope habla español, inglés, francés e italiano. Le interesa mucho la filosofía budista. No le gusta nada la discriminación.

¿Va a ganar un Oscar por su próxima película? ¿Va a trabajar con Gael García Bernal? Puede ser …

Filmografía

2006 *Volver*
2001 *Vanilla Sky*
1999 *Todo sobre mi madre*

1 Which languages do the two stars speak?
2 What do they like?
3 What do they dislike?
4 What do Penélope Cruz's friends call her?

5 What type of films does she act in?
6 What is she particularly interested in?
7 Translate the two questions at the end of the second text.

 4 Escribe un artículo sobre Maribel Verdú utilizando los textos del ejercicio 3 como modelos.

Ejemplo: Maribel Verdú es española. Nació …

| **Apellidos:** Verdú Rollan |
| **Nombre:** Maribel |
| **Nacionalidad:** española |
| **Fecha de nacimiento:** 02/10/1970 |
| **Lugar:** Madrid |
| **Profesión:** actriz |
| **Le gusta:** la moda, escuchar música, leer |
| **No le gustan:** las preguntas sobre su vida privada |

When you are reading a text which contains unfamiliar words:
● Look for cognates or near-cognates, e.g. discriminación, filosofía.
● Try saying new words aloud, e.g. actriz.
● Use logic and the context, e.g. What do you think **nació** means in **Nació** el 30 de noviembre de 1978?

Filmografía

2006 *El Laberinto del Fauno*
2001 *Y tu mamá también*

¡Diviértete! Gramática

2

escribir 1 Antonio has made six mistakes in his Spanish. Rewrite the text and correct his mistakes.

? *Need help?* Go to Unidad 1
? *Want to know more?* Go to page 127

Example: Me gusta**n** mucho …

> Me gusta mucho los programas de deporte. No son aburridos, son muy interesante, pero no me gustan nada las telenovelas. No es emocionantes. Son muy tonta. Me encantan los documentales porque son muy informativo y educativos y también son interesantes.
>
> Me gustan los dibujos animados porque son divertidos. No me gusta el tiempo. Es aburrido. No es interesantes.

escribir 2 Write eight sentences comparing film types, then translate them into English.

? *Need help?* Go to Unidad 2
? *Want to know more?* Go to page 128

Example: **1** Las películas de amor son menos aburridas que las comedias.
Romantic films are less boring than comedies.

escribir 3 Translate these messages into Spanish.

? *Need help?* Go to Unidad 3
? *Want to know more?* Go to page 133

Example: **1** delante del estadio

1 in front of the stadium

2 in front of the disco

3 behind the shopping centre

4 behind the bowling alley

5 at your house

escribir 4 Choose **tengo** or **tengo que** to complete these sentences, then translate them into English.

? *Need help?* Go to Unidad 4
? *Want to know more?* Go to page 130

Example: **1** Tengo que pasear al perro.
I have to walk the dog.

1 ⌇ pasear al perro.
2 ⌇ ordenar mi dormitorio.
3 ⌇ dos hermanos.
4 ⌇ el pelo largo.
5 ⌇ trabajar en el jardín.
6 ⌇ quince años.

5 **Choose the right answer each time. How do you say ...?**

? *Need help?* Go to Unidad 4
? *Want to know more?* Go to page 129

Example: **1** a

1 I can't go.

a No puedo ir. b No puedes ir.

c No puedo salir. d No podemos ir.

2 Do you want to play?

a Queremos jugar. b ¿Jugamos?

c ¿Quieres jugar? d Quiero jugar.

3 We can chat on the internet.

a Queremos chatear por internet. b Quiero jugar con el ordenador.

c Podemos enviar mensajes. d Podemos chatear por internet.

4 They can't go bowling.

a No pueden ir a la discoteca. b No quieren ir a la bolera.

c No pueden ir a la bolera. d No quiero ir a la bolera.

5 Ana wants to see an action film.

a Ana no quiere ver una película de acción. b Ana quiere ver una película de amor.

c Ana quiere ver una película de acción. d Quiero ver una película de acción.

 6 **Translate these sentences into Spanish.**

? *Need help?* Go to Unidad 5
? *Want to know more?* Go to page 132

Example: **1** A Javier le gusta bailar.

1 Javier likes to dance.
2 Javier likes to listen to music.
3 Javier doesn't like tidying his bedroom.
4 Javier doesn't like doing his homework.
5 He doesn't like opera.
6 He loves comics.

 7 **Choose the correct word for each sentence. Then translate the sentences into English.**

? *Need help?* Go to Unidad 5
? *Want to know more?* Go to page 128

Example: **1** Mi hermano va a jugar al fútbol con **sus** amigos.

1 Mi hermano va a jugar al fútbol con **su / sus** amigos.
2 **Mi / Mis** madre no es muy severa.
3 ¿Vas a salir con **tu / tus** hermana?
4 **Su / Sus** padres son muy severos pero bastante simpáticos.
5 Estoy de acuerdo con **tu / tus** padre.
6 **Mi / Mis** padres no son severos.

Palabras

La televisión
¿Cuál es tu programa favorito?
Mi programa favorito se llama …
Es …
un concurso
un documental
un programa de deporte
un programa de música
un programa de tele-realidad
el telediario
el tiempo
una comedia
una serie de policías
una telenovela
¿Qué ponen?

Television
What's your favourite TV programme?
My favourite programme is …
It's …
a game show
a documentary
a sports show
a music show
a reality show
the news
the weather
a comedy
a detective series
a soap opera
What's on?

¿Por qué te gusta?
Me gustan …
Me encantan …
Me interesan …
No me gustan …
Odio …
Prefiero …
… porque son …
aburridos/as
divertidos/as
educativos/as
emocionantes
informativos/as
interesantes
malos/as
tontos/as

Why do you like it?
I like …
I love …
I'm interested in …
I don't like …
I hate …
I prefer …
… because they are …
boring
entertaining
educational
moving
informative
interesting
bad
stupid

Las películas
¿Qué tipo de películas (no) te gustan?
las películas de …
acción
amor
artes marciales
ciencia-ficción

Films
What sort of films do you like (dislike)?
… films
action
romantic
martial arts
sci-fi

guerra
terror
las películas del Oeste
las comedias
los dibujos animados

war
horror
Westerns
comedies
cartoons/animations

Más o menos
Los dibujos animados son más divertidos que las películas de terror.
Las comedias son menos interesantes que las películas del Oeste.
Las películas de acción son mejores.
Las películas de guerra son peores.

More or less
Cartoons are funnier than horror films.
Comedies are less interesting than Westerns.
Action films are better.
War films are worse.

¿Te gustaría salir?
¿Te gustaría …?
ir al parque
ir a la bolera
ir de compras

Would you like to go out?
Would you like …?
to go to the park
to go to the bowling alley
to go shopping

¿A qué hora?
a la una
a las tres
a las cinco y cuarto
a las seis y media
a las siete menos cuarto
a las ocho
a las nueve

At what time?
at one o'clock
at three o'clock
at quarter past five
at half past six
at quarter to seven
at eight o'clock
at nine o'clock

¿Dónde quedamos?
delante de la discoteca
detrás del centro comercial
en el parque
en la bolera
en la calle
en tu casa

Where shall we meet?
in front of the disco
behind the shopping centre
in the park
in the bowling alley
in the street
at your house

De acuerdo.	OK.
Vale.	OK.
Muy bien.	Fine.
No tengo ganas.	I don't feel like it.
¡Ni hablar!	No way!
¡Ni en sueños!	In your dreams!
Bueno …	Well …
Pues …	Well …
A ver …	Let's see …
Hasta luego.	See you later.
Adiós.	Goodbye.
Hasta pronto.	See you soon.

¿Quieres salir? — *Do you want to go out?*

¿Quieres …?	Do you want …?
chatear por internet	to chat online
ir a la discoteca	to go to the disco
ir de compras	to go shopping
jugar a los bolos	to go bowling
jugar al fútbol	to play football
salir	to go out
ver un partido de fútbol	to watch a football match
ver una película	to watch a film

Lo siento, no puedo.	I'm sorry, I can't.
No puedo salir.	I can't go out.
¿Por qué?	Why?
Porque …	Because …
no quiero	I don't want to
no tengo dinero	I don't have any money
no tengo tiempo	I don't have any time
Tengo que …	I have to …
hacer mis deberes	do my homework
lavarme el pelo	wash my hair
ordenar mi dormitorio	tidy my room
pasear al perro	walk the dog

Los problemas … — *Problems …*

Tengo un problema.	I have a problem.
¿Qué voy a hacer?	What am I going to do?
Mis padres dicen que …	My parents say …
¡No es justo!	It's not fair!

Soy demasiado joven.	I'm too young.
¿Qué le puedo decir a mi madre?	What can I say to my mother?

… y las soluciones — *… and solutions*

Estoy de acuerdo con tu padre.	I agree with your father.
Eres demasiado joven para ir a la discoteca.	You're too young to go to the disco.
Tienes que …	You must …
pensar en tu hermano	think of your brother
presentar el amigo a tu madre	introduce your friend to your mother
salir más	go out more

Palabras muy útiles — *Very useful words*

más	more
menos	less
mejor	better
a (al)	to (to the)
delante de	in front of
detrás de	behind
para	for, (in order) to
¿dónde?	where?
mi, tu, su (mis, tus, sus)	my, your, his/her

Estrategia

Looking up new words

Dictionaries can tell you a lot about new words. Most of them use these abbreviations: *nm, nf, adj, vt, prep*. For example, *nm* tells you a word is a masculine noun; *vt* tells you it's a verb. What do you think the others tell you?

Look up the words below in a dictionary. (They are all used on page 33.) Note down what each word means and what sort of word it is. For example: **joven** = *young* (adjective).

- joven
- tiempo
- vida
- triste
- decir
- pensar

1 ¿Adónde fuiste?

● Describing past holidays
● Using the preterite of **ser** and **ir**

escuchar 1 Escucha y escribe el país y la opinión. (1–11)

Ejemplo: **1** Italia – guay

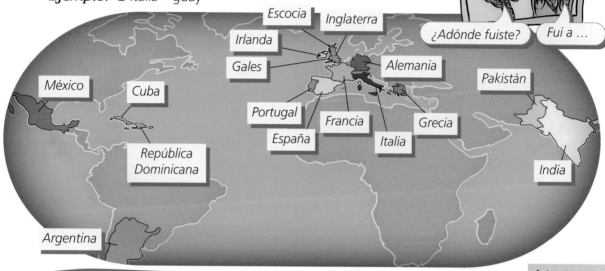

Escocia
Inglaterra
Irlanda
Gales
Alemania
México
Cuba
Pakistán
Portugal
Francia
Grecia
España
Italia
República Dominicana
India
Argentina

¿Adónde fuiste? Fui a …

¿Cómo fue?

Fue …

estupendo

genial

guay

aburrido

horrible

un desastre

fui = *I went*
fue = *it was*

Pay special attention to these sounds:

x   'ks': e**x**ótico
               'ch' in 'loch': Mé**x**ico
g + e or **i**   'ch' in 'loch': Ar**g**entina, **g**enial
c + e or **i**   'th': Fran**c**ia, Gre**c**ia, Esco**c**ia

Listen and repeat these phrases with a partner.

Mé**x**ico es e**x**ótico.   Ar**g**entina es **g**enial.

Esco**c**ia es pre**c**iosa.

hablar 2 Con tu compañero/a, haz diálogos.

● ¿Adónde fuiste de vacaciones?
■ Fui a Irlanda.
● ¿Cómo fue?
■ Fue guay.

Ireland

Cuba

England

Italy

Argentina

Gramática

The preterite (simple past tense)

The preterite of **ir** *(to go)* and **ser** *(to be)* is the same! Learn it by heart.

fui	*I went*	*I was*
fuiste	*you went*	*you were*
fue	*he/she went*	*he/she was*
fuimos	*we went*	*we were*
fuisteis	*you (plural) went*	*you (plural) were*
fueron	*they went*	*they were*

Para saber más   página 130

Escucha y escribe la ciudad y el medio de transporte. (1–8)

Listen and note down the city and the means of transport.

Ejemplo: 1 Madrid – en autocar

> ¿Cómo fuiste?

Madrid	Valencia	Pamplona	Granada	Palma de Mallorca
Santiago de Compostela		Córdoba		Lanjarón

en tren

en monopatín

en avión

a pie

en autocar

en barco

en coche

en bicicleta

Lee el texto. Corrige las frases.

Ejemplo: 1 Isabel fue a Lima en barco.

1 Isabel fue a Lima en avión.
2 Isabel fue a Tacna en coche.
3 Después fue a Arequipa a pie.
4 Isabel fue a Cuzco en barco.
5 Cuzco es la capital de los aztecas.
6 Machu Picchu está en la costa.

Isabel

El verano pasado hice la Ruta Quetzal: una expedición por Hispanoamérica con muchos chicos y chicas.

Primero fui a Panamá en avión. ¡Fue un viaje muy largo! Después cruzamos el océano Pacífico en barco hasta Lima, la capital de Perú. Fui de Lima a Tacna en autocar y después hasta Arequipa … ¡a caballo! Me encanta montar a caballo. Allí visité un volcán y después fui a Cuzco en tren. Es la capital del antiguo Imperio Inca y es una ciudad muy bonita.

Luego fui al santuario de Machu Picchu a pie. Está en unas montañas muy altas. Fue genial.

> hice = *I did*
> cruzamos = *we crossed*

Describe un viaje estupendo.

Write a description of an amazing journey.

Ejemplo: El año pasado fui a Portugal en avión y fue genial. Luego fui a … en … pero fue … También …

Portugal		genial
España		aburrido
Francia		guay
Italia		un desastre
Grecia		estupendo

2 ¿Qué hiciste?

escuchar 1 Escucha y escribe la letra correcta. (1–10)

Ejemplo: **1** j

¿Qué hiciste?

a

Visité monumentos.

b

Bailé.

c

Monté en bicicleta.

d

Descansé.

e

Mandé mensajes.

f

Escuché música.

g

Tomé el sol.

h

Saqué fotos.

i

Jugué al voleibol en la playa.

j

Fui de excursión.

primero = *first*

Gramática

The preterite of *-ar* verbs

visitar	*to visit*
visit**é**	*I visited*
visit**aste**	*you visited*
visit**ó**	*he/she visited*
visit**amos**	*we visited*
visit**asteis**	*you (plural) visited*
visit**aron**	*they visited*

Practise saying these, with the stress on the accented letter:
visit**é**, bail**é**, mont**é**, tom**é**, mand**é**, escuch**é**

Para saber más página 130

hablar 2 Con tu compañero/a, haz diálogos.

● ¿Qué hiciste?
■ Tomé el sol y también visité monumentos.

1

2

3

4

5

3 Escucha a Raúl y haz una lista en inglés de las actividades.

Ejemplo: relaxed, …

leer 4 Pon el texto en un orden lógico.

Ejemplo: 6

primero	*first*
después	*afterwards*
luego	*then*

el museo Picasso   el acuario   el Tibidabo   la Villa Olímpica   *la playa de la Barceloneta y el mar*

1 Tomé el sol en la playa de la Barceloneta. También jugué al fútbol. Descansé, escuché música en la playa y mandé mensajes a mis amigos. Fue estupendo. Por la noche bailé en la discoteca con mi hermana y fue genial.

2 Luego fuimos al Tibidabo. Me encantan los parques de atracciones.

3 Fuimos en tren. Fue guay.

4 Después fuimos al museo Picasso. Fue muy interesante.

5 También visité monumentos y saqué fotos. Un día visité muchas cosas. Primero fuimos a la Villa Olímpica.

6 Me llamo Jaime.

7 Soy español. Vivo en Bilbao, en el norte de España. Tengo catorce años.

8 El año pasado fui de vacaciones a Barcelona con mi familia.

parque de atracciones = *amusement park*

- **g + e/i → gu**
  ju**g**ar → ju**gu**é
  Jugué al voleibol. *I played volleyball.*
- **c + e/i → qu**
  sa**c**ar → sa**qu**é
  Saqué fotos. *I took photos.*

The silent **u** keeps the pronunciation the same.

5 Escucha y comprueba tus respuestas.

6 Contesta a las preguntas por Jaime.

Ejemplo: Vivo en Bilbao.

a ¿Dónde vives?
b ¿Dónde está?
c ¿Adónde fuiste de vacaciones?
d ¿Cómo fuiste y cómo fue?

e ¿Qué hiciste por la noche?
f ¿Te gustan los parques de atracciones?
g ¿Cómo te llamas?
h ¿Cuál es tu nacionalidad?

7 Describe tus vacaciones utilizando el texto de Jaime como modelo.

1 Escucha y repite.

¿Qué tal lo pasaste?

¡Lo pasé bomba!

Lo pasé fenomenal.

Lo pasé guay.

Lo pasé bien.

Lo pasé mal.

¿Qué tal lo pasaste?   *What sort of a time did you have?*
Lo pasé bomba.   *I had a fantastic time.*

Sometimes things don't translate directly word for word.
Learn phrases like these by heart.

2 Escucha y contesta a las preguntas para cada persona. (1–5)

● *Where did they go?*
● *When?*
● *How long for?*
● *How was it?*

¿Cuándo?	El año pasado
	El invierno pasado
	El verano pasado
¿Cuánto tiempo?	Diez días
	Una semana
	Dos semanas
	Un mes

3 Separa las palabras y escribe las preguntas y respuestas.

¿adóndefuiste?fuiacuba¿cuándo?elañopasado¿cuántotiempo?dossemanas¿quétallopasaste?lopaséfenomenal

escuchar 4 Escucha la canción y rellena los espacios en blanco.

Ejemplo: **1** vacaciones

> ¿Con quién fuiste? = *Who did you go with?*
> Con mi hermana = *With my sister*

hablar 5 Con tu compañero/a, haz diálogos.

- ● ¿Adónde fuiste?
- ▨ Fui a <u>México</u>.
- ● ¿Cómo fuiste?
- ▨ Fui <u>en avión</u>.
- ● ¿Cuánto tiempo pasaste allí?
- ▨ Pasé <u>dos semanas</u>.
- ● ¿Con quién fuiste?
- ▨ Fui <u>con mi familia</u>.
- ● ¿Qué hiciste?
- ▨ <u>Fui de excursión y visité monumentos.</u>
- ● ¿Qué tal lo pasaste?
- ▨ <u>¡Lo pasé guay!</u>

Mis vacaciones

Fui de ⁽¹⁾ ~~~~~
¡la playa es genial!
⁽²⁾ ~~~~~ de vacaciones
¡la playa es ⁽³⁾ ~~~~~!
¿Qué ⁽⁴⁾ ~~~~~ lo pasaste?
¡Lo pasé fenomenal!

¿Adónde fuiste?
Fui a la playa de Gijón.
¿⁽⁵⁾ ~~~~~ fuiste?
Fui en ⁽⁶⁾ ~~~~~ y en avión.

¿Con quién fuiste?
Con mi hermana Marisol.
Dime, ¿qué ⁽⁷⁾ ~~~~~?
Jugué al ⁽⁸⁾ ~~~~~ y al voleibol.

Fui de vacaciones …

> con mi familia = *with my family*
> con mis padres = *with my parents*
> con mis amigos = *with my friends*

México — guay

Grecia — bien

Irlanda — bomba

Mini-test

I can
- ● say where I went on holiday
- ● say what it was like
- ● say what I did on holiday
- ● say how I travelled
- **G** use the preterite of **ser** and **ir**
- **G** use the preterite of regular **-ar** verbs

escribir 6 Escribe un diálogo del ejercicio 5.

- Giving a presentation about holidays
- Using the present and the preterite together

escuchar 1 Escucha y lee. Luego empareja los textos con las fotos correctas. (1–3)

---

www.vacaciones-inolvidables.es

Vacaciones divinas

Paco Generalmente **voy** de vacaciones a República Dominicana con mis amigos en avión. Por la tarde **juego** al fútbol en la playa. **Salgo** con mis amigos por la noche, **vamos** a la cafetería, a la discoteca, y al salón recreativo también.

El verano pasado **fui** a Portugal con mis amigos. **Fui** en tren y en autocar, **fue** guay. **Pinté** mucho, ¡**me encanta** pintar! y **escuché** música. **Descansé** y lo **pasé** bien.

Natalia Normalmente **voy** a Milán con mi familia en coche. **Voy** de compras, **voy** a la peluquería y a la sauna. **Mando** mensajes a mis amigos todos los días.

El año pasado **fui** a Cuba con mi hermano. **Fuimos** en avión. **Monté** en bicicleta y **bailé** salsa. **Hice** excursiones muy interesantes. **Jugué** al fútbol en la playa. Lo **pasé** fenomenal.

James Normalmente no **voy** de vacaciones. **Me quedo** en casa. **Juego** con el ordenador, **chateo** por internet o a veces **mando** mensajes. **Hago** mis deberes y **estudio** mucho también.

Pero el año pasado **fui** a la playa en España, y lo **pasé** bomba. ¡**Fue** genial! **Descansé**, **hice** yoga y **tomé** el sol. **Fui** con mi hermano Rod. **Fuimos** en avión.

> pinté = *I painted*
> la peluquería = *hairdresser's*

1

2

3

leer 2 Escribe los datos sobre Paco, Natalia y James en inglés.

Name	Normally	Last year
Paco	goes to Dominican Republic ...	

Gramática

Present or past? Look for:

	Present	**Past**
time expressions	normalmente generalmente	el año pasado el verano pasado
verbs	**voy, juego, tomo, monto, descanso, mando, pinto**	fui, jugué, tomé, monté, descansé, mandé, pinté
verbs in questions	¿Adónde **vas**? ¿Qué **haces**?	¿Adónde fuiste? ¿Qué hiciste?

Para saber más   página 131

 3 Lee los textos otra vez. ¿Quién es?

Who …
1 likes going out at night?
2 normally comes back from holiday with a different hairstyle?
3 took two different forms of transport to their holiday destination last year?
4 likes to spend time with friends?
5 rested in the sun on a holiday last year?
6 normally spends a lot of time at home?
7 did a lot of physical activity on holiday?
8 is a good student at school?
9 took up painting on their recent holiday?

 4 Con tu compañero/a, pregunta y contesta por Paco, Natalia y James.

1 ¿Adónde **vas** de vacaciones generalmente?
2 ¿Adónde fuiste de vacaciones el año pasado?
3 ¿Cómo **vas** normalmente?
4 ¿Cómo fuiste?
5 ¿Con quién **vas** de vacaciones?
6 ¿Con quién fuiste?
7 ¿Qué **haces** normalmente?
8 ¿Qué hiciste?

 5 Escucha y escribe los datos de las vacaciones en inglés. (1–3)

	Normally …	Last year …
1	England, excursions …	

 6 Escucha otra vez y escribe los verbos que entiendes. (1–3)

	Present	Preterite
1	vas, …	fuiste, …

 7 Haz una presentación sobre tus vacaciones ideales. Utiliza las preguntas del ejercicio 4.

5 Hispanoamérica

 Escucha y escribe los países en el orden que entiendes. (1–16)

Ejemplo: **1** México

 Escucha y rellena la tabla por cada país. (1–4)

	País	Capital	Población
1	Venezuela	Caracas	

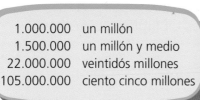

País	Capital	Población
México	Tegucigalpa	108.000.000
Honduras	Ciudad de México	24.000.000
Venezuela	Buenos Aires	7.000.000
Argentina	Caracas	40.000.000

¿Cómo se llama la capital de …?
¿Cuántos habitantes tiene?

La capital de … se llama …
… tiene … millones de habitantes.

1.000.000	un millón
1.500.000	un millón y medio
22.000.000	veintidós millones
105.000.000	ciento cinco millones

 Con otras dos personas, haz preguntas sobre los países del ejercicio 2.

● ¿Cómo se llama la capital de <u>Venezuela</u>?
■ La capital de <u>Venezuela</u> se llama …
● ¿Cuántos habitantes tiene <u>Venezuela</u>?
■ <u>Venezuela</u> tiene … millones de habitantes.

Norteamérica

México
Guatemala
El Salvador
Centroamérica
Honduras
Nicaragua
Panamá
Costa Rica
Colombia
Ecuador
Venezuela
El río Amazonas
La cordillera de los Andes
Sudamérica
Perú
Chile
Paraguay
Bolivia
Uruguay
Argentina

4 Escucha y lee. Luego copia la tabla y rellénala en inglés.

Country	Population	Capital	Geographical features	Products

Hay …

a montañas

b volcanes

c el río Amazonas

d un desierto

e la selva amazónica

f una llanura

Los productos principales son …

g la fruta

h el café

i la caña de azúcar

j el petróleo

Mi viaje a Sudamérica fue estupendo. Fui con unos amigos. Fuimos a Perú en avión y ¡lo pasamos bomba! Perú está en Sudamérica, en la costa. Tiene veintisiete millones de habitantes.

Primero fuimos a Lima, la capital de Perú. Lima es muy interesante. Está en la costa frente al océano Pacífico. Desde Lima fuimos de excursión. La geografía de Perú es estupenda. Hay mucha diversidad. El río Amazonas pasa por todo el país. En Perú está la selva amazónica. También hay una llanura y un gran desierto. Luego fuimos a las montañas. Los Andes cruzan el país de norte a sur. También visitamos el valle de los volcanes.

Los productos principales de Perú son la fruta, el café, la caña de azúcar y el petróleo.

 5 Elige un país y haz un póster. Utiliza los datos siguientes.

País	Chile	México
Capital	Santiago	Ciudad de México
Población	16.000.000	108.000.000
Geografía	montañas, llanura, desierto, el río Amazonas ✗	desierto, volcanes, llanura, el río Amazonas ✗
Productos	fruta, caña de azúcar, café	fruta, café

Este país se llama …
Está en (Sudamérica).
(No) Está en la costa.
La capital se llama …
Tiene … millones de habitantes.
La geografía es interesante/estupenda. Hay …
El río Amazonas (no) pasa por …
Los productos principales son …

Resumen

Unidad 1

I can

■	ask someone where they went on holiday	¿Adónde fuiste?
■	say where I went on holiday	Fui a Portugal, España, Cuba, Grecia, …
■	say what it was like	Fue guay. Fue genial. Fue aburrido.
■	ask someone how they travelled	¿Cómo fuiste?
■	say how I travelled	Fui en avión, en coche, en barco, a pie …
G	use the preterite of **ser** and **ir**	**Fuimos** en coche. **Fue** genial.

Unidad 2

I can

■	ask someone what they did on holiday	¿Qué hiciste?
■	say what I did on holiday	Tomé el sol en la playa de Barceloneta, visité monumentos y saqué fotos.
■	use sequencing words	**Primero** fuimos a la Villa Olímpica. **Luego** fuimos al Tibidabo.
G	understand the preterite of **-ar** verbs	visité, visitaste, visitó

Unidad 3

I can

■	ask someone if they had a good time	¿Qué tal lo pasaste?
■	say whether I had a good time	¡Lo pasé bomba! Lo pasé bien. Lo pasé mal.
■	say how long I went on holiday for	Pasé dos semanas.
G	use question words	¿Con quién fuiste? ¿Cuándo? ¿Cuánto tiempo pasaste allí?

Unidad 4

I can

G	use the present and the preterite together	Normalmente **voy** a Nueva York y **voy** de compras. El año pasado **fui** a Cuba con mi hermano. **Fuimos** en avión y en coche.
G	recognise whether a question is in the past or present tense	¿Adónde vas? ¿Adónde fuiste?
G	use time expressions referring to the past and present	el año pasado, generalmente, normalmente

Unidad 5

I can

■	name some Spanish-speaking countries	Nicaragua, Ecuador, Venezuela, …
■	give information about one of these countries	Venezuela está en Sudamérica. La capital se llama Caracas. Tiene veinticuatro millones de habitantes.
G	Use **ser** and **estar**	**Es** muy interesante. **Está** en la costa.

1 Escucha. Copia y rellena la tabla. (1–5)

	País	Transporte	Opinión
1	Francia	coche	horrible

 2 Con tu compañero/a, pregunta y contesta.

- ¿Qué hiciste?
- ▪ 'e': Mandé mensajes.

 3 Lee el texto. Contesta a las preguntas en inglés.

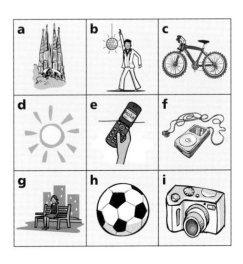

Jorge

Normalmente voy a Francia de vacaciones con mi familia, pero el verano pasado fui a Italia con mis amigos. Fuimos en tren. Fue genial.

Fuimos a Nápoles. Está en el sur de Italia en la costa. ¡Lo pasé bomba!

Visité monumentos y fui de excursión. Bailé y escuché música también. Fue guay.

Nápoles

1 Where does Jorge normally spend his holidays?

2 When did he go to Italy?

3 How did Jorge travel?

4 Where exactly is Naples?

5 What did he do?

6 How was his holiday?

 4 Separa estas preguntas. Luego escribe las respuestas utilizando los dibujos.

¿adóndefuistecómofuisteconquiénfuistequéhicistequétallopasaste?

bomba

escuchar 1 Escucha y lee.

1

P – Diego, ¿adónde fuiste de vacaciones el año pasado?
D – Pues, no fui de vacaciones, me quedé en Barcelona, pero hice excursiones …

2

P – ¿Ah, sí? ¿Adónde fuiste?
D – Fui a Cadaqués en barco con un amigo.

3

P – ¿Dónde está?
D – ¿¡Dónde está Cadaqués!? Ah sí, eres mexicana … A ver, Cadaqués está al norte de Barcelona.

4

D – Es un pueblo muy famoso de pescadores y artistas.
P – ¿Y qué hiciste en Cadaqués?

5

D – Tomé el sol, jugué al fútbol en la playa y visité la casa de Salvador Dalí. Es un pintor surrealista muy famoso.
P – ¿Dalí? Ah sí, me gustan mucho sus pinturas. Es mi pintor favorito.

6

P – ¿Te gusta el dibujo, Diego?
D – Sí, me encanta el dibujo.
P – A mí también me encanta el dibujo …

hablar 2 Con tu compañero/a, lee en voz alta la historia de Diego y Patricia.

3 Con tu compañero/a, pregunta y contesta.

1 ¿Qué hizo Diego el año pasado durante las vacaciones?
2 ¿Cómo fue a Cadaqués?
3 ¿Con quién?
4 ¿Dónde está Cadaqués?
5 ¿Qué hizo Diego en Cadaqués?
6 ¿Qué le gusta a Diego?

4 Lee los textos. Escucha y pon las frases en el orden correcto.

Ejemplo: c, …

a En 1492 hizo su primer viaje. Primero fue a San Salvador y luego a Cuba.

b Regresó del Nuevo Mundo con el cacao, la patata y el maíz.

c Cristóbal Colón fue explorador.

d Encontró para España una ruta desde Europa hasta América – un nuevo continente.

e Después fue a La Española, otra isla en el mar Caribe.

5 Busca estas frases en español en el texto.

Ejemplo: **1** Primero fue a San Salvador.

1 First he went to San Salvador.
2 He came back from the New World.
3 Christopher Columbus was an explorer.
4 Afterwards he went to La Española.
5 He found, for Spain, a route from Europe to America.

leer 1 Put the right part of **ir** in the preterite into the rhyming pairs of sentences, then translate them into English.

| ? Need help? | Go to Unidad 1 |
| ? Want to know more? | Go to page 131 |

Example: **1** Fui a Elche. Fui en coche.
I went to Elche. I went by car.

1 (yo) a Elche. (yo) en coche.
2 ¿(tú) al Fuente del Arco? ¿(tú) en barco?
3 (ella) a Jaén. (ella) en tren.
4 (nosotros) a La Huetre. (nosotros) a pie.
5 (vosotros) a la Barceloneta. (vosotros) en bicicleta.
6 (ellos) a Chinchón. (ellos) en avión.

fuimos   fueron
fue   fui
fuisteis   fuiste

leer 2 Find all the parts of **escuchar** in the preterite and match them up with the English.

| ? Need help? | Go to Unidad 2 |
| ? Want to know more? | Go to page 130 |

1 I listened
2 you listened
3 he/she listened
4 we listened
5 you (plural) listened
6 they listened

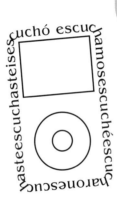

leer 3 Copy out the text and fill in the gaps using words from the box.

| ? Need help? | Go to Unidad 2 |
| ? Want to know more? | Go to page 130 |

Example: **1** fui

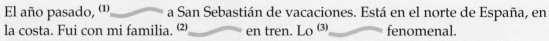

El año pasado, **(1)**_____ a San Sebastián de vacaciones. Está en el norte de España, en la costa. Fui con mi familia. **(2)**_____ en tren. Lo **(3)**_____ fenomenal.
(4)_____ el sol en la playa y **(5)**_____ al voleibol también. **(6)**_____ fotos y
(7)_____ mensajes a mis amigos. Fue genial.
También fui de excursión. Primero **(8)**_____ monumentos y luego fuimos a una discoteca. **(9)**_____ mucho. **(10)**_____ guay.

fuimos   bailé   saqué   fue   tomé   fui   jugué
pasé   visité   mandé

leer 4 Follow the lines to find the meanings and fill in the gaps.

? *Need help?* Go to Unidad 2
? *Want to know more?* Go to page 130

Example: **1** Visité monumentos.
I visited monuments.

1 Visité monumentos.
2 ¿Bailaste mucho?
3 Monté en bicicleta.
4 Tomamos el sol.
5 Mandó mensajes.
6 Escucharon música.
7 ¿Descansasteis?
8 Jugué al voleibol en la playa.

Did _____ dance a lot?
I rode a _____.
Did you _____?
_____ listened to music.
He _____ messages.
_____ played volleyball on the beach.
I _____ monuments.
_____ sunbathed.

escribir 5 Write out these sentences, putting the second verb into the preterite.

? *Need help?* Go to Unidad 4
? *Want to know more?* Go to page 130

Example: Normalmente voy de vacaciones a
Francia pero el año pasado fui a Grecia.

1 Normalmente voy de vacaciones a Francia pero el año pasado (ir a Grecia).
2 Normalmente juego al fútbol en la playa pero el año pasado (jugar al voleibol).
3 Normalmente tomo el sol en Italia pero el verano pasado (sacar fotos).
4 Generalmente voy de compras en Nueva York pero el año pasado (visitar monumentos).
5 Normalmente descanso cuando estoy de vacaciones pero el año pasado (mandar muchos mensajes).

leer 6 Choose the correct verb for each sentence.

? *Need help?* Go to Unidad 4
? *Want to know more?* Go to page 130

1 Normalmente Álvaro **chatea / chateó** por internet o **manda / mandó** mensajes.

2 El año pasado **vamos / fuimos** a la playa en Francia.

3 Normalmente Cecilia **va / fue** de compras y **va / fue** a la peluquería.

4 En Argentina, el año pasado mis padres **montan / montaron** en bicicleta y **bailan / bailaron** el tango.

5 ¿Generalmente **vas / fuiste** a Escocia de vacaciones?

6 ¿El verano pasado **vais / fuisteis** a Portugal en tren?

Palabras

¿Adónde fuiste? | *Where did you go (to)?*

el año pasado | *last year*
Fui a … | *I went to …*
Alemania | *Germany*
Argentina | *Argentina*
Cuba | *Cuba*
Escocia | *Scotland*
España | *Spain*
Francia | *France*
Gales | *Wales*
Grecia | *Greece*
Inglaterra | *England*
Irlanda | *Ireland*
Italia | *Italy*
México | *Mexico*
Pakistán | *Pakistan*
Portugal | *Portugal*
República Dominicana | *the Dominican Republic*

¿Cómo fue? | *What was it like?*
Fue … | *It was …*
estupendo | *fantastic*
genial | *brilliant*
guay | *great, cool*
aburrido | *boring*
horrible | *awful*
un desastre | *a disaster*

¿Adónde fuiste de vacaciones? | *Where did you go (to) on holiday?*
Fui a Madrid. | *I went to Madrid.*
¿Cómo fuiste? | *How did you go?*
Fui … | *I went …*
a pie | *on foot*
en autocar | *by bus*
en avión | *by plane*
en barco | *by boat*
en bicicleta | *by bike*
en coche | *by car*
en monopatín | *by skateboard*
en tren | *by train*

¿Qué hiciste? | *What did you do?*
Bailé. | *I danced.*
Descansé. | *I had a rest/break.*

Escuché música. | *I listened to music.*
Fui de excursión. | *I went on an outing.*
Jugué al voleibol en la playa. | *I played volleyball on the beach.*
Mandé mensajes. | *I sent messages.*
Monté en bicicleta. | *I rode my bike.*
Saqué fotos. | *I took photos.*
Tomé el sol. | *I sunbathed.*
Visité monumentos. | *I visited monuments.*
después | *afterwards*
luego | *then*
primero | *first*

¿Qué tal lo pasaste? | *What sort of time did you have?*

¡Lo pasé bomba! | *I had a fantastic time!*
¡Lo pasé fenomenal! | *I had a wonderful time!*
¡Lo pasé guay! | *I had a great time!*
¡Lo pasé bien! | *I had a good time!*
¡Lo pasé mal! | *I had a bad time!*

¿Cuándo? | *When?*
El año pasado … | *Last year …*
El invierno pasado … | *Last winter …*
El verano pasado … | *Last summer …*

¿Con quién fuiste? | *Who did you go with?*
Fui … | *I went …*
con mi familia | *with my family*
con mis padres | *with my parents*
con mis amigos | *with my friends*

¿Cuánto tiempo pasaste allí? | *How much time did you spend there?*
Pasé … | *I spent …*
diez días | *ten days*
una semana | *a week*
dos semanas | *two weeks*
un mes | *a month*

Mis vacaciones | *My holidays*
Generalmente … | *Usually …*
Normalmente … | *Normally …*
me quedo en casa | *I stay at home*
salgo con mis amigos por la noche | *I go out at night with friends*

vamos a la cafetería	*we go to the café*
voy a España	*I go to Spain*
Pero el año pasado …	*But last year …*
fui a Cuba	*I went to Cuba*
fuimos en avión	*we went by plane*
bailé salsa	*I went salsa dancing*
hice yoga	*I did yoga*
jugué al fútbol	*I played football*
pinté	*I painted*

Hispanoamérica	*Latin America*
Centroamérica	*Central America*
Norteamérica	*North America*
Sudamérica	*South America*
Argentina	*Argentina*
Bolivia	*Bolivia*
Chile	*Chile*
Colombia	*Colombia*
Costa Rica	*Costa Rica*
Ecuador	*Ecuador*
Guatemala	*Guatemala*
Honduras	*Honduras*
México	*Mexico*
Nicaragua	*Nicaragua*
Panamá	*Panama*
Paraguay	*Paraguay*
Perú	*Peru*
El Salvador	*El Salvador*
Uruguay	*Uruguay*
Venezuela	*Venezuela*

Este país se llama …	*This country is called …*
Está en …	*It is in …*
¿Cómo se llama la capital de …?	*What is the capital of … called?*
La capital se llama …	*The capital is called …*
¿Cuántos habitantes tiene …?	*How many inhabitants has …?*
Tiene … millones de habitantes.	*It has … million inhabitants.*
Hay …	*There is/are …*
montañas	*mountains*
volcanes	*volcanoes*
un desierto	*a desert*
una llanura	*a plain*

En Perú está …	*In Peru there is …*
el río Amazonas	*the River Amazon*
la selva amazónica	*the Amazonian forest/ jungle*
La geografía es …	*The geography is …*
Los productos principales son …	*The main products are …*
el café	*coffee*
el petróleo	*oil/petroleum*
la caña de azúcar	*sugar cane*
la fruta	*fruit*

Palabras muy útiles	*Very useful words*
a	*to*
con	*with*
en	*in, by*
¿cómo?	*how?, what … like?*
¿adónde?	*(to) where?*
¿quién?	*who?, whom?*
¿qué?	*what?*

Estrategia

Mnemonics

A mnemonic helps you to remember a difficult word or expression. A common type of mnemonic is a made-up phrase consisting of words whose first letters spell the word you want to remember. For example, to remind you how to spell **Inglaterra**, you could try using this mnemonic:

I
Never
Get
Long
At
Teatime
Eating
Ripe
Red
Apples

● Choose a word from Module 3 that you want to learn to spell and make up a mnemonic for it.

La comida

4

1 ¿Qué desayunas?

- Talking about mealtimes
- Using time expressions

1 Escucha y escribe la letra o las letras correctas. (1–13)

Ejemplo: **1** b

¿Qué desayunas? Desayuno …
- **a** cereales
- **b** tostadas
- **c** magdalenas

¿Qué comes? Como …
- **d** carne con verduras
- **e** pizza
- **f** patatas fritas

¿Qué meriendas? Meriendo …
- **g** galletas
- **h** fruta
- **i** un bocadillo

¿Qué cenas? Ceno …
- **j** pescado con ensalada
- **k** pasta
- **l** pollo

¿Qué bebes? Bebo …
- **m** Cola Cao
- **n** té
- **o** zumo de naranja
- **p** nada

> There are different verbs in Spanish for talking about different meals.
>
> | | | | |
> |---|---|---|---|
> | desayunar | to eat breakfast | Desayuno cereales. | I eat cereals for breakfast. |
> | comer | to eat lunch | Como pizza. | I eat pizza for lunch. |
> | merendar | to eat tea | Meriendo galletas. | I eat biscuits for tea. |
> | cenar | to eat dinner | Ceno pollo. | I eat chicken for dinner. |

2 Pregunta y contesta. Di la letra correcta del ejercicio 1.

- ● ¿Qué desayunas?
- ▪ Desayuno tostadas.
- ● b

¿Qué desayunas?   ¿Qué meriendas?   ¿Qué bebes?
¿Qué comes?   ¿Qué cenas?

3 Escucha a Sergio y contesta a las preguntas. Escribe las letras del ejercicio 1 o una hora.

Ejemplo: **1** a

1 ¿Qué desayuna Sergio?
2 ¿Qué bebe?
3 ¿A qué hora desayuna?
4 ¿Qué come?
5 ¿A qué hora come?
6 ¿Qué merienda?
7 ¿A qué hora cena?
8 ¿Qué cena?

> **¿A qué hora** cenas?
> **At what time** do you have dinner?
> **¿Qué** cenas?
> **What** do you have for dinner?

4 Escucha otra vez. ¿Qué palabras del cuadro entiendes?
¿Qué significan?

Ejemplo: normalmente = normally

siempre
normalmente
a veces
de vez en cuando
nunca

 5 Empareja las bandejas con los animales. (Sobra una bandeja.)
Match up the trays to the animals. (There is one tray too many.)

1 Normalmente no desayuno nada. A veces a mediodía como un bocadillo o una pizza. ¡Me gusta mucho la pizza!
  Normalmente meriendo a las cinco con mis amigos los ratones. Meriendo galletas y fruta. ¿Y qué ceno? Normalmente ceno carne con verduras o pescado con ensalada.

2 Desayuno cereales y té. Siempre desayuno a las ocho. ¡El desayuno es una comida muy importante!
  Como pescado. No meriendo y nunca ceno. Generalmente no tengo hambre, pero me gusta beber cócteles.

3 Tengo mucha hambre todo el tiempo. Normalmente desayuno tostadas y zumo de naranja. Desayuno a las siete.
  A veces a mediodía como un bocadillo con mi novia Adelina. Meriendo fruta, me gusta mucho. Generalmente ceno pollo. Normalmente ceno a las nueve.

Roberto el Ratón

Serafina la Serpiente

no tengo hambre = *I'm not hungry*
todo el tiempo = *all the time*
novia = *girlfriend*

Pepe el Perro

 6 Contesta al sondeo. Cambia los datos subrayados y completa las frases.

1	¿A qué hora desayunas?	Desayuno a <u>las siete</u> o a las …
2	¿Qué desayunas?	A veces desayuno <u>cereales</u>. También desayuno …
3	¿A qué hora comes?	Como a <u>las dos</u> o a las …
4	¿Qué comes?	Como <u>pollo</u>. Nunca como …
5	¿A qué hora meriendas?	Meriendo a <u>las cinco</u>.
6	¿Qué meriendas?	De vez en cuando meriendo <u>galletas</u>.
7	¿A qué hora cenas?	Normalmente ceno a <u>las nueve</u>.
8	¿Qué cenas?	Ceno <u>pescado</u>. Nunca ceno …

2 En el mercado

 1 Escucha y repite.

cien (100)
ciento diez (110)   seiscientos (600)
doscientos (200)   setecientos (700)
trescientos (300)   ochocientos (800)
cuatrocientos (400)   novecientos (900)
quinientos (500)   mil (1000)

hablar 2 Juega con dos compañeros.
Una persona dice un número
del ejercicio 1. Hay que
escribir el número correcto.

● novecientos
■ [escribe:] 900

escuchar 3 Escucha y escribe la letra correcta. (1–12)

Ejemplo: **1** i

¿Qué quieres?

…, por favor.

a
un kilo de peras

b
medio kilo de tomates

c
dos kilos de manzanas

d
un kilo de zanahorias

e
cien gramos de jamón

f
doscientos gramos de queso

g
quinientos gramos de uvas

h
un chorizo

i
una lechuga

j
una barra de pan

k
una botella de agua

l
un cartón de leche

In Spain
many people
buy fruit,
vegetables,
meat and fish
at their local
market.

4 Escucha y escribe el precio correcto. (a–j)

Ejemplo: **a** 1,00€

1,50€	3,75€	1,00€	4,25€	3,50€
2,50€	0,80€	2,20€	2,25€	1,30€

> The currency used in Spain, and in most European countries, is the euro. There are 100 cents (**céntimos**) in one euro.

5 Con tu compañero/a, haz diálogos cambiando los datos subrayados.

- ● ¿Qué quieres?
- ■ <u>Un kilo de tomates</u>, por favor.
- ● ¿Algo más?
- ■ Sí, quiero … y … también.
- ● ¿Algo más?
- ■ Nada más, gracias. ¿Cuánto cuesta?
- ● <u>Dos</u> euros y <u>setenta y cinco</u> céntimos.

> ¿Algo más? = *Anything else?*
> Nada más. = *Nothing else.*

6 Escucha y canta.

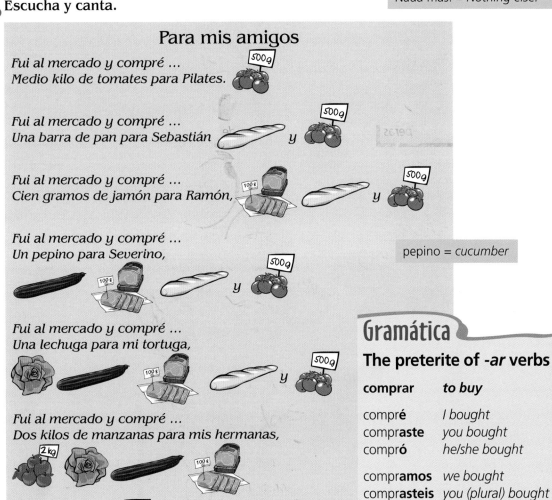

Para mis amigos

Fui al mercado y compré …
Medio kilo de tomates para Pilates.

Fui al mercado y compré …
Una barra de pan para Sebastián y

Fui al mercado y compré …
Cien gramos de jamón para Ramón, y

Fui al mercado y compré …
Un pepino para Severino, y

pepino = *cucumber*

Fui al mercado y compré …
Una lechuga para mi tortuga, y

Fui al mercado y compré …
Dos kilos de manzanas para mis hermanas,

y

Gramática

The preterite of -*ar* verbs

comprar	*to buy*
compr**é**	*I bought*
compr**aste**	*you bought*
compr**ó**	*he/she bought*
compr**amos**	*we bought*
compr**asteis**	*you (plural) bought*
compr**aron**	*they bought*

escuchar 1 Escucha y escribe el plato y la letra correcta. (1–12)

Ejemplo: **1** primer plato – b

¿Qué vas a tomar?

¿Qué va a tomar?

What are you going to have?

tú = *you (singular, familiar)*   ¿Qué **vas** a tomar?
usted = *you (singular, polite)*   ¿Qué **va** a tomar?

Usted is the polite 'you'. It uses the same verb form as 'he/she'.

El girasol   Menú

De primer plato …

a una sopa

b unas gambas

c una ensalada

De segundo plato …

d pescado

e pollo

f una paella de mariscos

De postre …

g un flan

h un helado

i fruta

Para beber …

j agua

k una Coca-Cola

l una limonada

---

hablar 2 Con tu compañero/a, haz diálogos.

● ¿Qué vas a tomar?

■ De primer plato quiero …

■ De segundo plato quiero …

■ De postre quiero …

● ¿Para beber?

■ Quiero …

escuchar 3 Escucha y lee.

Alicia	Tengo hambre. Quiero <u>un helado de chocolate</u>. ¿Qué vas a tomar?
Javier	No tengo hambre pero tengo sed. Quiero <u>una limonada</u>.
Camarero	¿Qué va a tomar?
Alicia	<u>Un helado de chocolate</u>, por favor.
Camarero	¿Y usted? ¿Qué va a tomar?
Javier	<u>Una limonada</u>, por favor.
Camarero	¿Algo más?
Javier	Nada más. La cuenta, por favor.

La cuenta, por favor. = *The bill, please.*

Some expressions just don't translate word for word!

Tengo hambre. I'm hungry. *Tengo sed.* I'm thirsty.

escuchar 4 Escucha y escribe las letras correctas del ejercicio 1. (1–3)

Ejemplo: **1** g, k

hablar 5 Con otras dos personas, haz diálogos, cambiando los datos subrayados del ejercicio 3.

① ②  ③

escribir 6 Escribe un diálogo del ejercicio 5.

escuchar 7 Escucha y lee el texto 'El tapeo'. Escribe las letras de los dibujos mencionados.

a **b** **c** **d** **e** **f** **g** **h**

ZONA CULTURA

El tapeo

El tapeo es una costumbre muy famosa en España. El tapeo consiste en ir de bar en bar tomando tapas de jamón serrano, queso, tortilla o gambas, con vino o cerveza.

Mini-test

I can

- say what I have for breakfast, lunch, tea and dinner
- ask someone what they have for breakfast, lunch, tea and dinner
- say at what time I have different meals
- buy food in a market
- order in a restaurant
- **G** use the preterite to say what I bought

● Talking about a past meal
● Using the preterite of **-er** and **-ir** verbs

escuchar **1** Escucha y lee.

Gran concurso de fútbol
EL BILLETE DORADO

- Viaje a Madrid en avión
- Una cena íntima con David Beckham

Mi cena con David

Alex Smith

El fin de semana pasado **salí** con David Beckham. **Fui** a Madrid en avión y **fui** a un restaurante muy caro con David. ¡**Fue** guay! El restaurante se llama El Mesón madrileño.

De primer plato **comí** una ensalada y David, gambas. De segundo plato **compartimos** una paella.

De postre **comí** un helado de chocolate – ¡delicioso! David no **comió** nada. **Bebimos** agua.

Durante la cena, David **recibió** unos mensajes de Victoria. **Hablamos** del Real Madrid y de fútbol.

caro = *expensive*
compartimos = *we shared*
durante = *during*
recibió = *he received*

Gramática

The preterite of *-er* and *-ir* verbs

comer	*to eat*		salir	*to go out*
com**í**	*I ate*		sal**í**	*I went out*
com**iste**	*you ate*		sal**iste**	*you went out*
com**ió**	*he/she ate*		sal**ió**	*he/she went out*
com**imos**	*we ate*		sal**imos**	*we went out*
com**isteis**	*you (plural) ate*		sal**isteis**	*you (plural) went out*
com**ieron**	*they ate*		sal**ieron**	*they went out*

Para saber más   página 131

leer **2** Lee el texto y contesta a las preguntas en inglés.

Ejemplo: **1** In Madrid.

1 Where did Alex have dinner with David Beckham?
2 When did he have dinner with David Beckham?
3 What did Alex eat?
4 What did David eat?
5 What did they drink?
6 What did they talk about?

3 Lee el texto otra vez. Copia y rellena la tabla con los **verbos** del texto.

Preterite	English	Infinitive	English
salí	I went out	salir	to go out

Can you spot the preterite forms of these verbs in the exercise 1 text?

salir *(to go out)*
compartir *(to share)*
recibir *(to receive)*
comer *(to eat)*
beber *(to drink)*

4 Escucha a Rosa y escribe la letra correcta.

Ejemplo: **1** a

1	Rosa went out with	**a** J-Lo	**b**	Antonio Banderas.
2	She flew to	**a** Las Vegas	**b**	Los Angeles.
3	They ate in	**a** a Spanish restaurant	**b**	a Mexican restaurant.
4	Rosa ate	**a** salad	**b**	prawns.
5	J-Lo ate	**a** soup	**b**	salad.
6	They both had	**a** chicken	**b**	paella.
7	Rosa's dessert was	**a** ice-cream	**b**	crème caramel.
8	J-Lo had	**a** fruit	**b**	crème caramel.
9	They drank	**a** lemonade	**b**	Coke.
10	They talked about	**a** music	**b**	football.

5 Con tu compañero/a, pregunta y contesta sobre una cena.

- ¿Con quién saliste?
- Salí con …
- ¿Adónde fuiste?
- Fui a …
- ¿Qué comiste?
- Comí …
- ¿Qué bebiste?
- Bebí …
- ¿Cómo fue?
- Fue …

6 Describe una cena con una persona famosa.

Mi cena con …
El fin de semana pasado salí con …
Fui a …
Fue …
De primer plato comí …
Mi compañero/a comió …
De segundo plato comí …
Mi compañero/a comió …
De postre comí …
Mi compañero/a comió …
Bebimos …
Hablamos de …
Fue …

5 ¿Qué comiste ayer?

 1 ¿Quién habla? Escucha y escribe el nombre correcto. (1–4)

Ejemplo: **1** Juana

Elena

Juana

Rico

Ramón

ayer = *yesterday*
el fin de semana pasado = *last weekend*
esta mañana = *this morning*
anteayer = *the day before yesterday*

¿Qué comiste esta mañana/ayer/
anteayer/el fin de semana pasado?

Esta mañana	desayuné …
Ayer/Anteayer	comí …
El fin de semana pasado	cené …

 2 Con tu compañero/a, haz un diálogo.

● ¿Qué desayunaste ayer?
■ Ayer desayuné <u>cereales</u>.

● ¿Qué comiste anteayer?
■ Anteayer comí <u>pollo con patatas fritas</u>.

● ¿Qué cenaste el fin de semana pasado?
■ El fin de semana pasado cené <u>paella con ensalada</u>.

Gramática

The preterite

The endings for regular **-ar**, **-er** and **-ir** verbs in the preterite are as follows:

-ar	**-er**	**-ir**
desayun**é**	com**í**	compart**í**
desayun**aste**	com**iste**	compart**iste**
desayun**ó**	com**ió**	compart**ió**
desayun**amos**	com**imos**	compart**imos**
desayun**asteis**	com**isteis**	compart**isteis**
desayun**aron**	com**ieron**	compart**ieron**

Para saber más página 130

3 Lee y escucha. Copia y rellena la tabla en español.

	desayuno	comida	merienda	cena
Elisa	arañas			
Rico				
Alejandro				

Menú del día

moscas
escarabajos
cucarachas
arañas
gusanos

Ayer **desayuné** arañas. Medio kilo de arañas. ¡Qué horror! Luego **comí** un bocadillo de moscas y también **bebí** un zumo de cucarachas. Ayer **vi** dos serpientes en la selva … ¡Ay! No puedo más. Quiero salir de aquí.

Por favor, tengo que salir de aquí. No quiero comer insectos. Ayer **desayuné** cien gramos de moscas y **bebí** un cóctel de gusanos. No **comí** nada pero más tarde **merendé** cucarachas con mahonesa. ¡Buagh, qué asco!
    Además, anteayer **hice** natación y **vi** un cocodrilo en el río.

¡**Salí** de la selva! Anteayer no **comí** la ensalada de escarabajos, así que me **fui** a mi casa. Ayer **fui** al supermercado y **compré** muchas cosas. **Desayuné** fruta y tostadas. **Comí** gambas con patatas fritas. **Merendé** galletas y **cené** paella con helado de postre … rico, rico, rico …

1

Elisa

2

Rico

3

Alejandro

 4 Busca estos verbos en pretérito en los textos del ejercicio 3 y escríbelos en inglés.

Ejemplo: **1** desayuné – I had breakfast

1 4 verbos en **-ar**
2 2 verbos en **-er**
3 1 verbo en **-ir**
4 3 verbos irregulares

Gramática

Some verbs are irregular in the preterite. Learn them by heart.

vi	*I saw*
hice	*I did*
fui	*I went*

Para saber más   página 131

 5 ¿Qué comieron Elisa, Rico y Alejandro? Escribe un informe en inglés.
What did Elisa, Rico and Alejandro eat? Write a report in English.

Ejemplo: Yesterday, Elisa had half a kilo of spiders for breakfast. For lunch …

Maggot cocktail? Yuk!

 6 Estás en la selva con Rico, Alejandro y Elisa. ¿Qué comiste ayer? Utiliza los textos del ejercicio 3 como modelo. Incluye los datos siguientes:
You are in the jungle with Rico, Alejandro and Elisa. What did you eat yesterday? Use the texts in exercise 3 as models. Include the following information:

● *Mention different meals:* **desayuné …, comí …, merendé …, cené …**
● *Include some negative expressions:* **no comí … no quiero …**
● *Use some fun expressions from the text:* **¡Buagh! ¡Qué asco! ¡No puedo más!**

Resumen

Unidad 1

I can

- say what I have for breakfast, lunch, tea and dinner
- say what I drink
- ask someone what they have for breakfast, lunch, tea and dinner
- ask someone what they drink
- say at what time I have different meals
- understand time expressions

Desayuno cereales. Como carne con verduras. Meriendo galletas. Ceno pollo.
Bebo Cola Cao, té, zumo de naranja …
¿Qué desayunas? ¿Qué comes? ¿Qué meriendas? ¿Qué cenas?
¿Qué bebes?
Desayuno a las siete. Como a la una.
nunca, de vez en cuando, siempre, generalmente

Unidad 2

I can

- use shopping phrases
- ask how much something costs
- say how much something costs
- understand and use high numbers
- **G** use expressions of quantity
- **G** use the preterite to say what I bought

Un kilo de tomates, por favor. Nada más, gracias.
¿Cuánto cuesta?
Tres euros y cincuenta céntimos.
cien, ciento diez, quinientos, ochocientos, mil
un kilo de peras, dos kilos de tomates, cien gramos de jamón
Fui al mercado y **compré** un cartón de leche.

Unidad 3

I can

- order in a restaurant

- say what I'd like to drink
- say I'm hungry
- say I'm thirsty
- ask for the bill
- **G** spot verbs that go with tú and usted

De primer plato, quiero una ensalada. De segundo plato, quiero pollo. De postre, quiero un helado.
Para beber, quiero una limonada.
Tengo hambre.
Tengo sed.
La cuenta, por favor.
¿Qué vas a tomar? ¿Qué va a tomar?

Unidad 4

I can

- **G** use the preterite of **-er** and **-ir** verbs

De postre **comí** un helado de chocolate. **Bebí** agua. Mi compañera no **comió** nada. **Compartimos** una paella.

Unidad 5

I can

- use past time expressions

- **G** use regular verbs in the preterite
- **G** use irregular verbs in the preterite

¿Qué comiste **ayer**?
Esta mañana desayuné tostadas.
El fin de semana pasado cené paella.
Desayuné cien gramos de moscas. No comí nada.
Fui a la selva. Hice natación y vi un cocodrilo.

Prepárate

 1 Escucha. Copia y rellena la tabla.

	Desayuno	Comida	Cena
Gustavo			
Rosa			
Enrique			

 2 Con tu compañero/a, haz diálogos.

- ● ¿Qué quieres?
- ▥ Quinientos gramos de jamón, por favor.
- ● ¿Algo más?
- ▥ Sí, … ¿Cuánto cuesta?
- ● Diez euros.

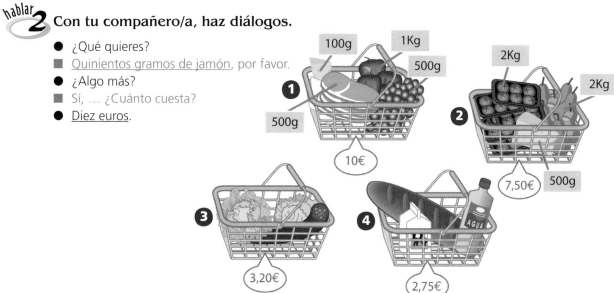

 3 Lee y empareja las mitades de las frases. Escribe las frases completas en el orden correcto para hacer un diálogo.

1 ¿Para	beber? a
2 De primer plato	va a tomar? b
3 De segundo plato	por favor. c
4 De postre	quiero un helado. d
5 ¿Qué	quiero unas gambas. e
6 Agua,	quiero pollo. f

 4 Escribe un correo. Incluye los datos siguientes.
Write an email. Include the following details.

- ● *Say at what time you eat breakfast, lunch, tea and dinner.*
- ● *Say what you normally eat for each meal.*
- ● *Say what you ate and drank yesterday.*

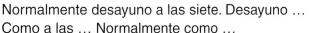

Normalmente desayuno a las siete. Desayuno …
Como a las … Normalmente como …
Meriendo a las … Meriendo …
Ceno a las … Normalmente ceno …
Ayer comí … y bebí …

escuchar 1 Escucha y lee.

1

P – Tengo hambre, Diego.
¿Vamos a comer algo?
D – De acuerdo. ¿Qué te
gusta comer?

2

P – A ver … me gusta mucho la carne.
Y me gusta mucho la fruta también,
sobre todo las uvas, las peras y los
plátanos. La fruta es rica y muy sana.

3

D – Ayer fui a la Boquería, allí tienen mucha fruta.
P – ¿La Boquería? ¿Qué es?
D – Es un mercado en las Ramblas de Barcelona.

4

D – Pero … ¡tengo una idea! Te invito a
ir de tapas y luego a comer paella.

5

C – ¿Qué van a tomar?
D – Una ración de aceitunas, una ración
de albóndigas y unas patatas bravas.

6

P – ¿Cuál es la comida típica de Barcelona?
D – La escalibada y la paella negra o de
marisco. La escalibada está hecha de
pimiento, berenjena y cebolla.

sobre todo = *above all*
ir de tapas = *to go for tapas (small bar snacks)*
una ración de = *a portion of*
aceitunas = *olives*
albóndigas = *meatballs*
patatas bravas = *spicy potatoes*
pimiento = *sweet pepper*
berenjena = *aubergine*
cebolla = *onion*

7

D – ¿Te gusta la paella, Patricia?
P – Hmm, está deliciosa …
Gracias por invitarme.
D – De nada, es un placer.

hablar 2 Con tu compañero/a, lee en voz alta la historia de Patricia y Diego.

3 Termina estas frases.

1 A Patricia le gusta comer …
2 Ayer Diego fue …
3 La Boquería es …
4 Diego y Patricia toman una ración de …, … y …
5 La comida típica de Barcelona es …
6 La escalibada está hecha de …

leer **4** Empareja las personas con los restaurantes.

1 *Quiero ir a un restaurante italiano.*

2 *No tengo mucha hambre. ¿Podemos ir de tapas?*

3 *No como carne. Prefiero el pescado.*

4 *No como mariscos. Tengo alergia.*

www.toledo.es/restaurantes

a El Cantábrico

En El Cantábrico hay más de 10 clases de pescado y marisco diferentes. Los <u>entrantes</u> (pulpo, verdura frita, …) y los <u>arroces</u> tampoco te los puedes perder.

b Cervecería La Barra

La tapa es, sin duda, la <u>especialidad</u> de esta casa. Preparan hasta 150 tapas diferentes aunque las más famosas son las de <u>anchoa</u>, jamón, <u>atún</u> y <u>lomo</u>. Todo un lujo.

c El Albero

En El Albero vas a disfrutar de una deliciosa carne roja preparada a la <u>piedra</u>. También sirven una deliciosa <u>perdiz estofada</u> y <u>rabo de toro</u>. Son sólo tres sugerencias de su variada carta.

d Alfil

Restaurante típico italiano en el interior de Toledo. Además de exquisitas pizzas ofrecen una gran variedad de <u>platos</u> italianos y todo <u>tipo</u> de pastas. También hay ensaladas variadas y sándwiches. Platos para todos los gustos.

leer **5** Choose two restaurants and write lists of what they offer. To help you, first look up the underlined words in the Vocabulario.

Gramática

escribir 1 **Copy out these sentences and write in the correct verb form.**

? *Need help?*   Go to Unidad 2

? *Want to know more?*   Go to page 130

Example: **1** Ayer fui al mercado y compré un kilo de tomates.

1 Ayer fui al mercado y … un kilo de tomates. (comprar, I)
2 El fin de semana pasado Roberto … paella. (cenar, he)
3 Anteayer … magdalenas y cereales. (desayunar, we)
4 El fin de semana pasado … pasteles muy ricos. (merendar, you plural)
5 Ayer no … (vomitar, they)
6 ¿El año pasado … el sol? (tomar, you singular)

> Remember the endings for regular **-ar** verbs in the preterite:
>
> | | |
> |---|---|
> | **é** | **amos** |
> | **aste** | **asteis** |
> | **ó** | **aron** |

escribir 2 **Apply the pattern for salir *in the preterite* to escribir – *to write*.**

? *Need help?*   Go to Unidad 4

? *Want to know more?*   Go to page 131

Example: escrib**í**   I wrote

salir – *to go out*

sal**í**	I went out
sal**iste**	you went out
sal**ió**	he/she went out
sal**imos**	we went out
sal**isteis**	you (plural) went out
sal**ieron**	they went out

leer 3 **Choose the correct verb, then translate the sentences into English.**

? *Need help?*   Go to Unidad 4

? *Want to know more?*   Go to page 130

Example: **1** Anteayer Diego compartió un pastel enorme con su hermano.
The day before yesterday, Diego shared an enormous cake with his brother.

1 Anteayer Diego **comparto / compartió** un pastel enorme con su hermano.
2 Ayer no **desayunaste / desayuna** nada.
3 Normalmente **tomé / tomo** chocolate con churros a las dos de la tarde.
4 Anteayer **comí / comes** tres hamburguesas.
5 ¿Qué **cenaste / cena** normalmente?
6 **Meriendo / Merendé** patatas fritas todos los días.
7 Esta mañana, Diego **desayuna / desayunó** galletas …
8 … y **bebes / bebió** un litro de Coca-Cola.

leer 4 Copy out the text using the verbs from the box, then put the drawings in the order of the text.

The preterite of 3 key irregular verbs:

ver	hacer	ir
vi	hice	fui
viste	hiciste	fuiste
vio	hizo	fue
vimos	hicimos	fuimos
visteis	hicisteis	fuisteis
vieron	hicieron	fueron

Jaume ● ● ◉

Normalmente desayuno a las siete y media. **(1)**_____ tostadas y zumo de naranja.

(2)_____ a la una. Normalmente como pizza o pasta. **(3)** _____ a las nueve. De primer plato tomo sopa o ensalada, de segundo plato **(4)**_____ pollo o pescado y de postre como fruta.

El fin de semana pasado **(5)**_____ con unos amigos. **(6)**_____ a un restaurante español en Barcelona y cenamos juntos. De primer plato tomé gambas y de segundo plato **(7)**_____ carne con patatas fritas. De postre **(8)**_____ un helado de fresa – ¡rico, rico, rico!

(9)_____ agua. Bailamos y cantamos en el restaurante. Lo pasamos muy bien.

fuimos
como
desayuno
bebimos
comí
ceno
tomé
tomo
salí

leer 5 Match up the correct sentence halves.

? Need help? Go to Unidad 5
? Want to know more? Go to page 131

Example: **1** b

1 El verano pasado fui …
2 En la selva vi …
3 Hice una excursión …
4 También fuimos a …
5 Vi unos …
6 Un día fuimos a la …
7 Hice …
8 ¡Fue …

a … serpientes y cocodrilos.
b … a Ecuador con mis padres.
c … estupendo!
d … monumentos muy impresionantes.
e … playa.
f … la capital, Quito.
g … natación en el mar.
h … a las montañas.

Palabras

Las comidas	Meals
¿Qué desayunas?	What do you eat for breakfast?
¿Qué comes?	What do you eat for lunch?
¿Qué meriendas?	What do you eat for tea?
¿Qué cenas?	What do you eat for supper/dinner?
Desayuno …	For breakfast I eat …
Como …	For lunch I eat …
Meriendo …	For tea I eat …
Ceno …	For supper/dinner I eat …
carne con verduras	meat with vegetables
cereales	cereal
fruta	fruit
galletas	biscuits
magdalenas	fairy cakes
pasta	pasta
patatas fritas	chips
pescado con ensalada	fish with salad
pizza	pizza
pollo	chicken
tostadas	toast
un bocadillo	a sandwich
¿Qué bebes?	What do you drink?
Bebo …	I drink …
Cola Cao	Cola Cao (drinking chocolate)
té	tea
zumo de naranja	orange juice
No meriendo.	I don't have tea.
No desayuno nada.	I don't have anything for breakfast.
Nunca como.	I never have lunch.
¿A qué hora desayunas/cenas?	At what time do you have breakfast/dinner?
Desayuno a las ocho.	I have breakfast at eight o'clock.
Como a mediodía.	I have lunch at midday.
Ceno después de las nueve.	I have dinner after nine o'clock.
siempre	always
generalmente	usually

normalmente	normally
a veces	sometimes
de vez en cuando	from time to time
todo el tiempo	all the time

Los números	Numbers
cien	100
ciento diez	110
doscientos	200
trescientos	300
cuatrocientos	400
quinientos	500
seiscientos	600
setecientos	700
ochocientos	800
novecientos	900
mil	1000

En el mercado	At the market
¿Qué quieres?	What would you like?
un kilo de …	a kilo of …
dos kilos de …	two kilos of …
medio kilo de …	half a kilo of …
quinientos gramos de …	500 grams of …
jamón	ham
manzanas	apples
peras	pears
queso	cheese
tomates	tomatoes
uvas	grapes
zanahorias	carrots
un cartón de leche	a carton of milk
un chorizo	a chorizo (spicy Spanish sausage)
una barra de pan	a baguette/loaf of bread
una botella de agua	a bottle of water
una lechuga	a lettuce
¿Algo más?	Anything else?
Sí, quiero …	Yes, I'd like …
por favor	please
Nada más, gracias.	Nothing else, thanks.
¿Cuánto cuesta?	How much is it?
Un euro.	One euro.
Dos euros y veinte céntimos.	€2.20.
Ochenta céntimos.	Eighty cents.

En el restaurante — *At the restaurant*

¿Qué vas/va a tomar?	*What are you (familiar/ polite) going to have?*
De primer plato …	*As a starter …*
De segundo plato …	*As a main course …*
De postre …	*As a dessert …*
quiero …	*I'd like …*
fruta	*fruit*
pescado	*fish*
pollo	*chicken*
un flan	*a crème caramel*
un helado (de chocolate)	*a (chocolate) ice-cream*
una ensalada	*a salad*
una paella (de mariscos)	*a (seafood) paella*
una sopa	*a soup*
unas gambas	*some prawns*
¿Para beber?	*And to drink?*
(Quiero) …, por favor.	*(I want/I'd like) …, please.*
agua	*water*
una Coca-Cola	*a Coca-Cola*
una limonada	*a lemonade*
Tengo hambre.	*I'm hungry.*
No tengo hambre.	*I'm not hungry.*
Tengo sed.	*I'm thirsty.*
La cuenta, por favor.	*The bill, please.*

Una cena especial — *A special dinner*

El fin de semana pasado …	*Last weekend …*
salí con …	*I went out with …*
Fui a …	*I went to …*
un restaurante español	*a Spanish restaurant*
un restaurante muy caro	*a very expensive restaurant*
Comí una ensalada.	*I ate a salad.*
Mi compañero/a comió gambas.	*My companion ate prawns.*
Compartimos una paella.	*We shared a paella.*
Bebimos agua.	*We drank water.*
Hablamos de fútbol/ música.	*We talked about football/music.*
¡Fue genial!	*It was brilliant!*

¿Qué comiste …? — *What did you eat …?*

anteayer	*the day before yesterday*
ayer	*yesterday*
el fin de semana pasado	*last weekend*
esta mañana	*this morning*
cené …	*I had … for dinner*
comí …	*I ate …/I had … for lunch*
desayuné …	*I had … for breakfast*
merendé …	*I had … for tea*
hice …	*I did …*
fui …	*I went …*
vi …	*I saw …*

Palabras muy útiles — *Very useful words*

normalmente	*normally*
de	*of, about*
nada	*nothing*
nunca	*never*
algo	*anything, something*
mucho/a/os/as	*a lot of*

Estrategia

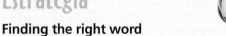

Finding the right word

Be careful not to choose the wrong Spanish word when you use a dictionary. For example, someone wanted to say *I drink tea* and ended up with **Bebo merienda**. Why is this wrong?

Here are ways of avoiding this kind of mistake:

1 Make sure you look up the correct spelling of the English word (e.g. meat/meet, pear/pair).
2 Look for dictionary abbreviations (*vt, nm, nf,* etc. – see page 41). If it's a noun you want, don't choose a verb (e.g. a drink/to drink).
3 Look at any example sentences given.
4 Double-check the Spanish word in the Spanish–English half of the dictionary.

Find the correct Spanish translations of these foods in a dictionary (they all have double meanings or more than one spelling!):

jam	roll	bean
sweet	cake	chop

● Talking about clothes
● Making colours agree

 1 Escucha y escribe las letras de la ropa mencionada. (1–6)

Ejemplo: **1** f, h

¿Qué llevas?

Normalmente llevo …

a un jersey

b un vestido

c una falda

d una gorra

e una camisa

f una camiseta

g una sudadera

h unos vaqueros

i unos pantalones

j unos zapatos

k unas botas

l unas zapatillas de deporte

2 Escucha. ¿Qué llevan?
Contesta en inglés. (1–5)

Ejemplo: **1** jeans,
sweatshirt,
baseball cap

Gramática

Singular		Plural	
masculine	feminine	masculine	feminine
un vestido *a dress*	una gorra *a cap*	unos zapatos *some shoes*	unas botas *some boots*

Para saber más — página 127

3 Escucha otra vez. Escribe la expresión de frecuencia para cada artículo. (1–5)
Write down the frequency expression you hear for each item.

Ejemplo: **1** jeans, sweatshirt – normalmente; baseball cap – siempre

nunca	de vez en cuando	a veces	a menudo	normalmente	siempre
never	*from time to time*	*sometimes*	*often*	*normally*	*always*

4 Con tu compañero/a, haz diálogos.

- ● ¿Qué llevas <u>siempre</u>?
- ■ <u>Siempre</u> llevo …

siempre
normalmente
nunca
a veces
de vez en cuando
a menudo

Gramática

	Singular		Plural	
	masculine	**feminine**	**masculine**	**feminine**
	roj**o**	roj**a**	roj**os**	roj**as**
	negr**o**	negr**a**	negr**os**	negr**as**
	marrón	marrón	marron**es**	marron**es**
	verde	verde	verde**s**	verde**s**

Para saber más   página 128

5 Escucha y lee. Luego pon las personas en el grupo apropiado.

Ejemplo: Pepe – f

Las tribus urbanas. ¿En qué grupo estás tú?

a Los skaters   **b Los raperos**   **c Los pijos**   **d Los heavies**   **e Los lolailos**   **f Los punkis**

Pepe

Siempre llevo unos vaqueros negros y unas botas negras. Me encanta la música de los Sex Pistols y los piercings.

Sergio

Normalmente llevo una camiseta gris muy grande, unos vaqueros y una gorra azul. Me gustan **las joyas preciosas**.

Marco

Normalmente llevo una camiseta **sin mangas**, unos vaqueros y unas botas altas. Me encanta Kiss. Odio a los pijos.

Ana

A menudo llevo una camiseta blanca, un jersey rojo y unos vaqueros **de marca**. Me encanta el dinero. Odio a los heavies.

Ricardo

Siempre llevo una camisa blanca. Tengo el pelo largo y rizado. A veces llevo **gafas de sol**. Me gusta bailar. Me encanta **el ritmo**. ¡Olé!

Lola

Llevo una sudadera amarilla, unos vaqueros y unas zapatillas de deporte. De vez en cuando llevo **una muñequera**. Me gusta mucho ir al parque con mis amigos.

6 ¿Qué significan las palabras en azul en los textos? Utiliza el contexto.

7 ¿En qué grupo estás tú? Contesta a la pregunta y describe tu estilo.

● Talking about school uniform
● Using comparative adjectives (**más ... que**)

1 Escucha y escribe la letra correcta. (1–8)

Ejemplo: **1** e

a Este jersey es feo.

b Este vestido es bonito.

c Esta chaqueta es cómoda.

d Esta corbata es anticuada.

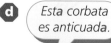

e Esta camiseta es guay.

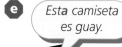

f Estos pantalones son baratos.

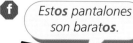

g Estos zapatos son incómodos.

h Estas botas son caras.

Gramática

this/these

Singular		Plural	
masculine	feminine	masculine	feminine
este vestido *this dress*	esta chaqueta *this jacket*	estos zapatos *these shoes*	estas botas *these boots*

Para saber más | página 128

2 Empareja los antónimos.
Match up the opposites.

Ejemplo: barato – caro

cuadofeoincómodocaroguaybonito cómodo baratoanti

3 Describe la ropa de tu profesor/profesora.

● Esta corbata es anticuada …

4 Escucha y lee. Contesta a las preguntas para cada persona.

- ¿Lleva uniforme?
- ¿Le gusta el uniforme?

> In Spain most pupils don't wear school uniform, but pupils at private schools often do.

¿te gusta el uniforme?

En mi colegio tengo que llevar uniforme. No me gusta nada porque es anticuado, feo y muy incómodo. También es caro. Prefiero la ropa de los fines de semana: vaqueros, una sudadera y zapatillas de deporte. Es más cómoda.
Alejandro

Yo no llevo uniforme. Normalmente para ir al colegio llevo una camiseta, unos vaqueros y zapatillas de deporte. Esta ropa es más cómoda que una corbata y una chaqueta.
Belén

Tengo que llevar uniforme. Llevo una falda, un jersey, una camisa, una corbata y una chaqueta. Me gusta llevar uniforme. Es más práctico para ir al colegio. También es más elegante, pero a veces es menos cómodo.
Marisol

para ir al colegio = *for going to school*

 5 Lee los textos otra vez. Corrige las frases.

Ejemplo: **1** A Alejandro no le gusta llevar uniforme.

1 A Alejandro le gusta llevar uniforme.
2 No le gusta nada el uniforme porque es bonito y cómodo.
3 Belén lleva uniforme.
4 Para ir al colegio, lleva una corbata y una chaqueta.
5 Marisol lleva vaqueros y una camiseta.
6 A Marisol no le gusta llevar uniforme.

Gramática
Comparatives

más … que   *more … than*
menos … que   *less … than*

List the comparatives in the texts above.

 6 Haz este sondeo en tu clase.

Uniforme – ¿Sí o no?

1 Llevar uniforme es más práctico que llevar vaqueros.
2 Llevar zapatillas de deporte para ir al colegio es más cómodo que llevar zapatos.
3 Llevar camisa es menos cómodo que llevar camiseta.
4 Llevar uniforme es más incómodo que llevar vaqueros.
5 Llevar vaqueros es menos elegante que llevar uniforme.

 7 Escribe lo que llevas para ir al colegio.

Para ir al colegio, normalmente llevo … . También llevo …
(No) Me gusta porque es …
Es más … que … . Es menos … que …

● Choosing an item of clothing
● Using superlative adjectives

escuchar 1 Escucha las preguntas y escribe la letra correcta. (1–8)
(For questions 5–8 you need to give your own opinion.)

Ejemplo: **1** c

¿Qué vestido es **el** más …?

¿Qué camiseta es **la** más …?

¿Qué pantalones son **los** más …?

¿Qué botas son **las** más …?

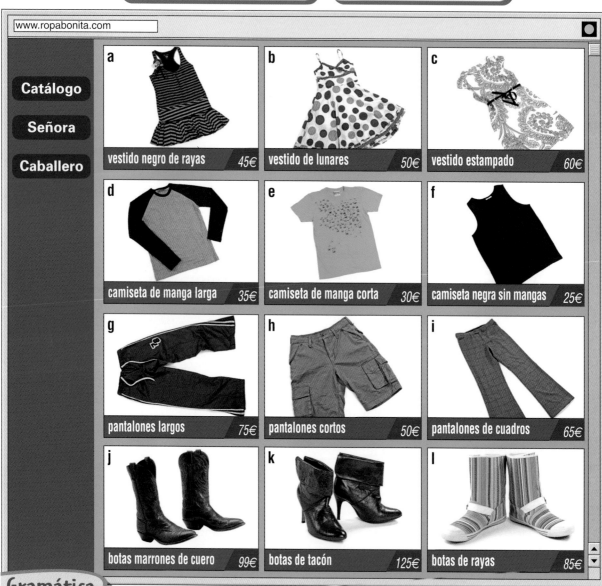

www.ropabonita.com

Catálogo

Señora

Caballero

a vestido negro de rayas — 45€

b vestido de lunares — 50€

c vestido estampado — 60€

d camiseta de manga larga — 35€

e camiseta de manga corta — 30€

f camiseta negra sin mangas — 25€

g pantalones largos — 75€

h pantalones cortos — 50€

i pantalones de cuadros — 65€

j botas marrones de cuero — 99€

k botas de tacón — 125€

l botas de rayas — 85€

Gramática

Superlatives

est**e** vestido es **el más cómodo** — this dress is **the most comfortable**
est**a** camiseta es **la menos bonita** — this T-shirt is **the least attractive**
est**os** pantalones son **los más baratos** — these trousers are **the cheapest**
est**as** botas son **las menos prácticas** — these boots are **the least practical**

Para saber más — página 128

2 **Con tu compañero/a, pregunta y contesta sobre cada sección del catálogo.**

- ¿Qué vestido es el más caro?
- ¿Qué camiseta es la más cara?
- ¿Qué pantalones son los más caros?
- ¿Qué botas son las más caras?

- ¿Qué vestido es el menos guay?
- ¿Qué camiseta es la menos guay?
- ¿Qué pantalones son los menos guays?
- ¿Qué botas son las menos guays?

 3 **Escribe seis preguntas y respuestas sobre los artículos del catálogo.**

Ejemplo: ¿Qué vestido es el más barato?
El vestido negro de rayas es el más barato.

 4 **Escucha y lee.**

- Quiero comprar una chaqueta.
¿Cuál prefieres? ¿La naranja o la roja?
- Me gusta esta chaqueta naranja con botones negros. Es la más barata.
- Sí, voy a comprar la chaqueta naranja.

| ¿Cuál? | *Which one?* |
| ¿Cuáles? | *Which ones?* |

 5 **Escucha. Copia y rellena la tabla en inglés. (1–5)**

	Article bought	Reason bought
1	green dress	most elegant

 **6** **Escucha y completa el texto de la canción. (1–8)**

Ejemplo: **1** este

Ir de compras

¿Te gusta **(1)** ~~~~ jersey violeta?
No me gusta nada, prefiero esta **(2)** ~~~~.
Estos vaqueros son **(3)** ~~~~,
pero me gustan porque son estampados.
Ir de compras, ir de compras, siempre un placer.

¿Te gusta este vestido de flores?
Pues no, prefiero la falda de muchos colores.
¿Te gustan **(4)** ~~~~ zapatos de cuero?
Prefiero **(5)** ~~~~ botas, valen menos dinero.
Ir de compras, ir de compras, siempre un placer.

(6) ~~~~ corbata negra es muy **(7)** ~~~~.
Yo prefiero la de lunares. Me gusta bastante.
¿Cuál prefieres? ¿La camisa **(8)** ~~~~ o la camiseta?
Voy a comprar las dos, y también la sudadera.
Ir de compras, ir de compras, siempre un placer.

un placer = *a pleasure*
de flores = *flowery*
valen = *they cost*

Mini-test

I can
- say what I always/normally/sometimes/never wear
- give an opinion on items of clothing
- compare school uniform with casual clothes
- say which items of clothing are the most expensive, cheapest, etc.
- **G** make adjectives agree
- **G** use **este**, **esta**, **estos** and **estas**
- **G** use comparatives and superlatives

4 Vamos a visitar Argentina

 escuchar 1 Escucha y lee. Elige la frase apropiada para terminar cada texto. Escribe la letra correcta. (1–3)

1

¿Qué tal? Me llamo Miguel. Soy estadounidense. Estoy de vacaciones en Chapelco con mi hermano. Me encanta Argentina, es un país muy bonito. El fútbol es mi deporte favorito. Me encanta ver partidos de fútbol.

Normalmente llevo ropa de deporte. Llevo una camiseta, vaqueros y zapatillas de deporte. A veces llevo una gorra. ¡Mañana voy a hacer esquí, entonces voy a llevar algo diferente! …

2

¡Buen día! ¿Qué tal? Me llamo Alba. Soy mexicana. Estoy de vacaciones en Mar del Plata. La gente argentina es muy simpática. En mi tiempo libre me encanta jugar a los videojuegos y chatear por internet. Aquí en Argentina no tengo ordenador.

Normalmente llevo una falda con una camiseta y zapatillas de deporte. Pero mañana por la mañana voy a tomar el sol en la playa …

3

¡Hola! ¿Cómo estás? Me llamo Rodrigo. Soy chileno. Estoy de vacaciones en El Calafate. Me encanta leer cómics. Tengo una colección de cómics de Astérix.

Normalmente llevo un jersey y unos vaqueros. Es ropa cómoda y práctica. No me interesa la moda. Mañana voy a ir al Perito Moreno en barco. Es un glaciar. No puedo llevar mi ropa habitual …

a Voy a llevar un vestido rojo sin mangas y zapatos negros de tacón alto.

b Voy a llevar mucha ropa: botas, pantalones, chaqueta y gafas.

c Voy a llevar unas botas, unos pantalones, unas gafas, una chaqueta y los esquís, por supuesto.

d Voy a llevar un bañador y mis gafas de sol.

> algo = *something*
> glaciar = *glacier*
> esquís = *skis*
> bañador = *swimsuit*

leer 2 Lee los textos. ¿Verdadero (V), falso (F) o no se sabe (NS)?

¿True, false or not known?

1 Miguel likes Argentina because it's famous for football.
2 Miguel likes to play football.
3 Alba finds Argentinian people unfriendly.

4 She likes reading.
5 Rodrigo likes reading at home.
6 He's very interested in fashion.

 leer 3 Lee otra vez. Copia y rellena la tabla en español.

	Normalmente lleva …	Mañana va a …	Va a llevar …
Miguel	*una camiseta, …*		
Alba			
Rodrigo			

 escuchar 4 Escucha y contesta a las preguntas en inglés para cada persona. (1–5)

● Where do they come from?
● Where are they going on holiday?
● What are they going to do there?
● What do they normally wear?
● What are they going to wear?

 escribir 5 Pon las palabras en el orden correcto. Traduce las preguntas al inglés.

Ejemplo: **1** ¿Cómo te llamas? – What are you called?

1 ¿Cómo llamas? te
2 años ¿Cuántos tienes?
3 ¿Cuál tu nacionalidad? es
4 ¿Qué gusta? te

5 tiempo tu en libre? haces ¿Qué
6 llevas ¿Qué normalmente?
7 hacer ¿Qué mañana? a vas
8 vas llevar? a ¿Qué

 hablar 6 Con tu compañero/a, pregunta y contesta por Javier. Utiliza las preguntas del ejercicio 5.

● ¿Cómo te llamas?
▉ Me llamo Javier.

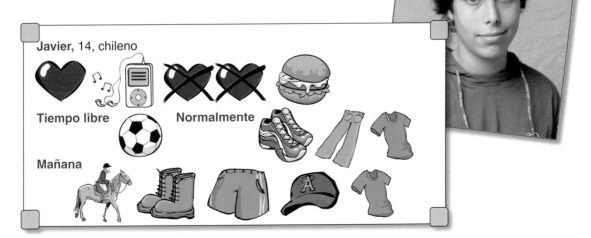

Javier, 14, chileno

Tiempo libre

Normalmente

Mañana

1 Escucha y escribe las letras en el orden correcto.

Ejemplo: h, c, …

una panadería

una cafetería

una carnicería

una pastelería

una joyería

una zapatería

una librería

una tienda de música

una tienda de ropa

un supermercado

2 Escucha y escribe la letra correcta. Luego escucha y comprueba tus respuestas. (1–10)

Ejemplo: **1** b

¿Dónde se puede(n) comprar …?

a

pasteles

b

carne

c

pan

d

joyas

e

zapatos

f

libros

g

CDs

h

un café

i

ropa

j

comida

 3 Con tu compañero/a, pregunta y contesta sobre los artículos del ejercicio 2.

● ¿Dónde se puede<u>n</u> comprar <u>pasteles</u>?
■ Se puede<u>n</u> comprar <u>pasteles</u> en <u>una pastelería</u>.

Gramática

Singular	¿Dónde **se puede** comprar pan? *Where can you buy bread?*
Plural	¿Dónde **se pueden** comprar pasteles? *Where can you buy cakes?*

Para saber más página 132

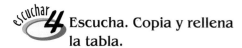

4 Escucha. Copia y rellena la tabla.

Nombre	Tienda	Artículo(s)	Más información
Isabel	zapatería	zapatos	Camper
Javier			
Natalia			
Miguel			
José			

Gramática

Remember how to spot different tenses:

Past	Present	Future
Ayer/El fin de semana pasado …	Normalmente …	Mañana/El sábado …
fui	voy	voy a ir
compré	compro	voy a comprar

Para saber más — página 131

5 Lee los textos y escribe los datos sobre cada persona en inglés:

- *Whether she has a positive or negative opinion of shopping.*
- *When she normally goes shopping.*
- *When she last went shopping, where and what she bought.*
- *What she is going to do tomorrow.*

De compras en Barcelona

1 Elisa

Me encanta ir de compras. Normalmente voy de compras tres veces a la semana. Ayer fui de compras con mi hermana y lo pasé fenomenal. Primero fui a Zara y luego a Mango y compré unos vaqueros bonitos y unas botas negras. Luego bebimos un café muy rico y comí un pastel también.

Después fuimos al supermercado y compramos pan, carne y pasteles para la cena. Mañana voy a ir a la Fnac, una tienda de música y videojuegos, porque voy a comprar unos CDs. Luego voy a comprar un anillo que vi ayer en una joyería.

anillo = *ring*

2 Pepita

Generalmente no voy de compras – odio ir de compras. Pero … el fin de semana pasado tuve que comprar ropa así que fui al Corte Inglés en el centro de Barcelona. Compré unas zapatillas de deporte muy caras y unos vaqueros muy baratos. Compré una sudadera y una gorra también. ¡Lo pasé fatal! Mañana voy a salir con mis amigos. ¡No voy a comprar nada!

6 Describe una salida de compras.

Describe a shopping trip.

- *Give your opinion of shopping.*
- *Say when you normally go shopping and with whom.*
- *Say which shops you went to yesterday, or last weekend.*
- *Mention what you bought and anything else you did.*
- *Say what you are going to buy tomorrow or next Saturday.*

(No) Me gusta …
Normalmente voy de compras …
con …
Ayer fui … y compré …
Luego bebí …
Este fin de semana voy a ir …
Voy a comprar …

Resumen

Unidad 1

I can

- ▥ *say what I wear*
- G *use adverbs of frequency to describe how often I wear items of clothing*
- G *use **unos/unas** (some)*
- G *make colour adjectives agree*

Llevo una camiseta y unas botas.
A menudo llevo unos vaqueros.
De vez en cuando llevo una gorra.
Llevo **unos** pantalones y **unas** botas.
Llevo un**os** vaquer**os** negr**os** y un**a** camis**a** blanc**a**.

Unidad 2

I can

- ▥ *describe my school uniform*
- ▥ *say what I think about uniform*
- G *use **este**, **esta**, **estos**, **estas** (this/these)*
- G *use comparative adjectives*

Para ir al colegio llevo una falda y una chaqueta.
No me gusta nada porque es feo y muy incómodo.
Este vestido es bonito. **Estas** botas son caras.
Llevar uniforme es **más elegante** que llevar vaqueros.
Llevar camisa es **menos cómodo** que llevar camiseta.

Unidad 3

I can

- ▥ *ask someone which item of clothing they prefer*
- ▥ *say which item of clothing I like and why*
- G *use superlative adjectives*

¿Cuál prefieres? ¿La naranja o la roja?

Me gusta esta chaqueta naranja. Es la más barata.
¿Qué vestido es **el más caro**?
Las botas de rayas son **las menos guays**.

Unidad 4

I can

- ▥ *ask someone what they are going to do and what they will wear*
- ▥ *say what I'm going to do and what I shall wear*
- G *use the present and near future tenses together*

¿Qué vas a hacer mañana?
¿Qué vas a llevar?
Mañana voy a montar a caballo.
Voy a llevar unas zapatillas de deporte y una chaqueta.
Normalmente **llevo** ropa de deporte. Mañana **voy a llevar** un bañador.

Unidad 5

I can

- ▥ *name different types of shop*
- ▥ *ask and say what can be bought there*

- ▥ *read a description of a shopping expedition*

- G *use three tenses together*

una panadería, una zapatería, una librería, …
¿Dónde se puede comprar pan?
Se pueden comprar pasteles en una pastelería.
Ayer fui de compras y compré muchas cosas. Primero fui a …
El fin de semana pasado **fui** de compras. Lo **pasé** guay. Normalmente **voy** de compras tres veces a la semana. Mañana **voy a comprar** unos vaqueros.

1 Escucha y elige las dos cosas que menciona cada persona. (1–5)

Ejemplo: **1** a, g

 2 Con tu compañero/a, haz frases sobre José, Juan y Xavier.

1 La ropa de José es más … que la ropa de …
2 La ropa de José es menos … que la ropa de …
3 La ropa de Juan es más … que la ropa de …
4 La ropa de Xavier es menos … que la ropa de …

5 José es el más …
6 Juan es el más …
7 Xavier es el más …

 3 ¿Verdadero o falso? Lee el texto y escribe V o F.

Ejemplo: **1** V

> Me gusta mucho ir de compras. Normalmente voy de compras con mi hermano todos los fines de semana, pero ayer fui al centro y fui a Vinçon. Es una tienda donde se pueden comprar productos de diseño contemporáneo. Me encanta Vinçon. ¡Es guay! Ayer compré un álbum de fotos y un bolígrafo. Son bonitos. Este fin de semana voy a comprar una camiseta roja que vi ayer.
>
> Emilio

1 A Emilio le gusta ir de compras.
2 Normalmente va de compras todos los días.
3 Ayer fue a Zara.
4 Le gusta mucho Vinçon.
5 Compró un álbum de fotos bonito.
6 Este fin de semana va a comprar una camisa roja.

 4 Escribe un texto sobre tu uniforme. ¿Qué llevas? ¿Te gusta llevar uniforme? ¿Por qué (no)?

¡Extra!

escuchar 1 Escucha y lee.

D – Te gusta mucho el dibujo, Patricia, ¿verdad?
P – Sí, me encanta, me encanta. También me gusta ir de compras. Soy 'fashionista'. ¿Cuál es tu marca favorita, Diego?

D – A ver, me gusta la ropa de Tommy Hilfiger y de Nike. ¿Quién es tu diseñador favorito?

P – Bueno … me gusta mucho Stella McCartney. Es genial. Pero yo misma diseño unas cosas de vez en cuando. ¡Mira! ¡Tengo unas ideas para tu guardarropa!

D – ¡Es chulo! Me gusta muchísimo.
P – ¿Vamos a mirar escaparates un poco?

P – ¡Qué guay! Me encantan estas zapatillas azules y amarillas. No son caras y son superchulas.

D – Tenemos mucho en común, Patricia, ¿verdad?
P – Sí, Diego, tenemos mucho en común …

yo mismo/a = *I myself*
diseñar = *to design*
chulo = *wicked*
mirar escaparates = *to go window-shopping*
tener mucho en común = *to have a lot in common*

2 Copia y completa las frases.

1 A Patricia le gusta el dibujo e …
2 Las marcas favoritas de Diego son …
3 La diseñadora favorita de Patricia es …

4 Ella misma diseña …
5 Van a mirar …
6 Tienen mucho …

 3 Escucha y lee. *Don't try to understand every word. Write down in one short sentence what you think the text is about.*

Juana Alegre – diseñadora de vestuario

A lo largo de mi carrera he recibido cinco Goyas al 'mejor diseño de vestuario'. Lo que me encanta de mi trabajo es que cada película es distinta. Recuerdo el rodaje de la película *Amor, Amor* con Álvaro Hernández. En todas las escenas Álvaro llevó la misma ropa: unos vaqueros azules y una camiseta blanca con botas negras de cuero – ¡así que yo no trabajé mucho! Pero en mi próxima película, *Nunca en Madrid*, mi trabajo va a ser mucho más difícil, porque María Borroso va a tener veintisiete conjuntos. Va a llevar vestidos elegantes pero también vaqueros y camisetas de tirantes, botas de tacón y zapatillas de deporte. Además, como es una película de acción su doble va a necesitar la misma ropa … ¡Cuánto trabajo!

camiseta de tirantes = *strappy t-shirt*

 4 Pon estas frases en el orden del texto.

Ejemplo: 6

1 My job is going to be much more difficult.
2 What I love about my job is that every film is different.
3 I remember shooting the film *Love, Love*.
4 Is going to have twenty-seven outfits
5 Her double is going to need the same clothes.
6 In the course of my career
7 I have received five Goyas for best wardrobe design.
8 In every scene he wore the same clothes.

> To understand complex texts:
> ● Look for words you already know, e.g. difícil, ropa.
> ● Look for near-cognates, e.g. carrera, escena.
> ● Use logic and context, e.g. can you work out what sort of thing 'Goyas' are?

 5 Contesta a las preguntas en español.

1 ¿Cuántos Goyas ha recibido Juana?
2 ¿Qué le gusta a Juana de su trabajo?
3 ¿Por qué Juana no trabajó mucho en *Amor, Amor*?

4 ¿Qué tipo de película es *Nunca en Madrid*?
5 ¿Cuántos conjuntos va a tener María en *Nunca en Madrid*?
6 ¿Qué va a llevar?

 6 Eres actor o actriz. Describe tu trabajo utilizando el texto del ejercicio 3 como modelo. Utiliza un diccionario si es necesario.

● *Say what you like about your job.*
● *Describe what you wore in one of your films.*
● *Say how many outfits you are going to have in your next film.*
● *Use new expressions from the text and link sentences with connectives.*

> Watch out for verb endings!
> llevó = *he/she wore*
> ? = *I wore*
> Va a tener = *he/she is going to have*
> ? = *I am going to have*

 1 Write the catalogue description for these items. Include **un/una/unos/unas.**

Example: **1** un vestido negro

1   **2**   **3**   **4**   **5**   **6**

> Remember to make the colour adjective agree with the noun.
> un**a** camiset**a** **roja**
> un**os** zapat**os** **negros**

> **?** *Need help?*   Go to Unidad 1
> **?** *Want to know more?*   Go to page 128

 2 Copy the grid. Insert the adjectives from the texts and write out the other forms in each column.

There are six colours and eight other adjectives. Some of them are used more than once.

> Eva Longoria es actriz. Le gusta la ropa elegante y cara.
>   A veces lleva vaqueros azules, pero normalmente lleva una falda negra y una camiseta roja de manga corta o un vestido estampado. Le gustan mucho los zapatos y las botas de tacón alto.
>   Para los Oscars llevó un vestido amarillo de Óscar de la Renta.

> Gael García Bernal es actor.
>   Tiene los ojos verdes y el pelo corto y negro. Es muy guapo.
>   Normalmente lleva unos vaqueros azules y una camiseta blanca porque le gusta la ropa cómoda.
>   Su diseñador favorito es Armani. Para los Oscars llevó un traje negro de Armani.

> un traje = *a suit*

Masculine		Feminine	
singular	plural	singular	plural
elegante	elegantes	elegante	elegantes

> **?** *Need help?*   Go to Unidad 1
> **?** *Want to know more?*   Go to page 127

3 Translate these sentences into Spanish.

Example: **1** El uniforme es menos práctico que los vaqueros.

1 *Uniform is less practical than jeans.*

2 *A T-shirt is more comfortable than a shirt.*

3 *A skirt is less comfortable than jeans.*

4 A sweatshirt is more comfortable than a jacket.

5 *A tie is less practical than a T-shirt.*

6 Trainers are more comfortable than shoes.

> **?** *Need help?*   Go to Unidad 2
> **?** *Want to know more?*   Go to page 128

4 *Write six sentences using* este/esta/estos/estas *correctly.*

? *Need help?* Go to Unidad 3
? *Want to know more?* Go to page 128

Example: **1** Este jersey es bonito.

1 jersey bonito
2 vestido elegante
3 falda fea
4 camiseta cómoda
5 zapatos caros
6 vaqueros baratos

 5 *Which dress does each person like best?*

Example: **1** d

1 Lola is concerned about style.
2 Alba is concerned about colour.
3 Ana is concerned about comfort.
4 Belén is concerned about price.
5 Patricia is concerned about practicality.

a *Voy a comprar el vestido rojo. Es el más cómodo pero el menos bonito.*

b *Me gusta el vestido negro. Es el menos elegante pero el más barato.*

c *El vestido amarillo es el más caro y el menos práctico, pero me encanta.*

d *El vestido verde es el menos cómodo pero el más guay. ¡Me gusta mucho!*

e *El vestido blanco es el más anticuado pero el más práctico y me gusta.*

? *Need help?* Go to Unidad 3
? *Want to know more?* Go to page 128

6 *Write eight logical sentences and translate them into English.*

Example: Se puede comprar pan en una panadería.

? *Need help?* Go to Unidad 5
? *Want to know more?* Go to page 132

| Se puede Se pueden | comprar | pan joyas CDs un café pasteles zapatos carne comida | en una tienda de música en una joyería en una pastelería en una zapatería en una supermercado en una carnicería en una panadería en una cafetería |

Palabras

La ropa — *Clothes*
¿Qué llevas? — *What do you wear?*
Llevo … — *I wear …*
un jersey — *a jumper*
un vestido — *a dress*
una camisa — *a shirt*
una camiseta — *a T-shirt*
una falda — *a skirt*
una gorra — *a cap*
una sudadera — *a sweatshirt*
unos pantalones — *trousers*
unos vaqueros — *jeans*
unos zapatos — *shoes*
unas botas — *boots*
unas zapatillas de deporte — *trainers*

nunca — *never*
de vez en cuando — *from time to time*
a veces — *sometimes*
a menudo — *often*
normalmente — *normally*
siempre — *always*

Los colores — *Colours*
amarillo/a — *yellow*
blanco/a — *white*
negro/a — *black*
rojo/a — *red*
azul — *blue*
gris — *grey*
marrón — *brown*
naranja — *orange*
rosa — *pink*
verde — *green*

El uniforme escolar — *School uniform*
este jersey — *this jumper*
este vestido — *this dress*
esta camiseta — *this T-shirt*
esta chaqueta — *this jacket*
esta corbata — *this tie*
estos pantalones — *these trousers*
estos zapatos — *these shoes*
estas botas — *these boots*

anticuado/a — *old-fashioned, out of date*
barato/a — *cheap*
bonito/a — *nice, pretty*
caro/a — *expensive*
cómodo/a — *comfortable*
feo/a — *ugly*
guay — *great, cool*
incómodo/a — *uncomfortable*

Esta chaqueta es cómoda. — *This jacket is comfortable.*
Estos zapatos son incómodos. — *These shoes are uncomfortable.*

Tengo que llevar uniforme. — *I have to wear a uniform.*
No llevo uniforme. — *I don't wear a uniform.*
Para ir al colegio, normalmente llevo … — *For school, I normally wear …*
También llevo … — *I also wear …*
(No) Me gusta llevar uniforme. — *I (don't) like wearing uniform.*
Me gusta porque es práctico. — *I like it because it's practical.*
No me gusta porque es incómodo. — *I don't like it because it's uncomfortable.*
Es más elegante que llevar vaqueros. — *It's more elegant/stylish than wearing jeans.*

¿Qué prefieres? — *What do you prefer?*
¿Qué vestido es el más …? — *Which dress is the most …?*
¿Qué camiseta es la menos …? — *Which T-shirt is the least …?*
¿Qué zapatos son los más …? — *Which shoes are the most …?*
¿Qué botas son las menos …? — *Which boots are the least …?*
Este vestido es el más bonito. — *This dress is the nicest.*
Esta camiseta es la menos cómoda. — *This T-shirt is the least comfortable.*
Estos zapatos son los más baratos. — *These shoes are the cheapest.*

Estas botas son las menos prácticas.	*These boots are the least practical.*
de cuadros	*checked*
de lunares	*spotted*
de rayas	*striped*
estampado/a	*patterned*
de manga corta	*short-sleeved*
de manga larga	*long-sleeved*
sin mangas	*sleeveless*
corto/a	*short*
largo/a	*long*
de cuero	*leather*
de tacón	*high-heeled*
¿Cuál prefieres?	*Which one do you prefer?*
¿Cuáles prefieres?	*Which ones do you prefer?*

Cuando estoy de vacaciones …	***When I'm on holiday …***
Normalmente llevo …	*Normally I wear …*
ropa de deporte	*sports clothes*
ropa cómoda	*comfortable clothes*
Mañana voy a llevar …	*Tomorrow I'm going to wear …*
un bañador	*swimsuit*
esquís	*skis*
mis gafas de sol	*my sunglasses*

De compras	***Shopping***
¿Dónde se puede comprar …?	*Where can you buy …?*
carne	*meat*
comida	*food*
pan	*bread*
ropa	*clothes*
un café	*a coffee*
¿Dónde se pueden comprar …?	*Where can you buy …?*
pasteles	*cakes*
joyas	*jewellery*
zapatos	*shoes*
libros	*books*
CDs	*CDs*

Se puede(n) comprar … en …	*You can buy … in …*
un supermercado	*a supermarket*
una cafetería	*a café*
una carnicería	*a butcher's*
una joyería	*a jeweller's*
una librería	*a bookshop*
una panadería	*a baker's/bread shop*
una pastelería	*a cake shop*
una tienda de música	*a music shop*
una tienda de ropa	*a clothes shop*
una zapatería	*a shoe shop*

Palabras muy útiles	***Very useful words***
de vez en cuando	*from time to time*
a veces	*sometimes*
a menudo	*often*
normalmente	*normally*
siempre	*always*
este, esta, estos, estas	*this these*

Estrategia

Past, present or future?

Future tense verbs are easy to spot, because they are made up of three parts: **1** part of the verb **ir** (to go), **2** the word **a**, **3** an infinitive. For example:
Vamos a jugar al tenis. *We are going to play tennis.*

To tell whether a verb is in the present tense or the preterite, you have to look at the verb ending. For example:
Bail**o** en la discoteca. *I dance at the disco.*
Bail**é** en la discoteca. *I danced at the disco.*

Decide which tense each of the following verbs is in. Then translate the sentences.
- Salgo con mis amigos.
- Vas a ir al cine.
- Fui a Cuba.
- Tomé el sol.
- Escuchamos música.
- Jugué al fútbol.
- Va a ver la televisión.
- Como patatas fritas.

1 Me duele . . .

escuchar 1 Escucha y escribe la letra correcta para las partes del cuerpo. (1–12)
Write the letter of the correct part of the body.

Ejemplo: **1** e

hablar 2 Cierra el libro. Indica una parte de tu cuerpo.
Tu compañero/a lo dice en español.

Ejemplo:

● (points to teeth)
■ las muelas

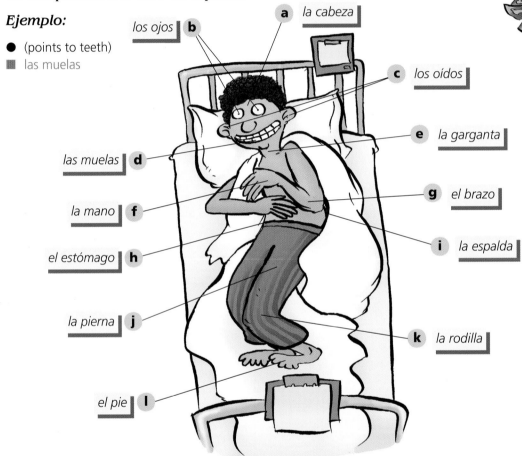

los ojos **b**

a la cabeza

c los oídos

e la garganta

las muelas **d**

la mano **f**

el estómago **h**

g el brazo

i la espalda

la pierna **j**

k la rodilla

el pie **l**

¿Desde hace cuánto tiempo?	For how long?
Desde hace tres días	For three days
Desde hace dos horas	For two hours
Desde hace una semana	For one week

escuchar 3 Escucha. Copia y rellena la tabla. (1–6)

	¿Qué le duele?	¿Desde hace cuánto tiempo?
1	la pierna y el pie	cinco días

Gramática

doler behaves like **gustar**:

Singular	Plural
Me duel**e** la cabeza.	Me duel**en** las piernas.

¿Qué **te** duele?   *What hurts? (you, familiar)*
¿Qué **le** duele?   *What hurts? (you, formal)*

A Luis **le** duele el pie.   *Luis' foot hurts.*

Para saber más   página 132

4 **Con tu compañero/a, haz estos diálogos.**

● ¿Qué te duele?
■ Me duele la pierna.
● ¿Desde hace cuánto tiempo?
■ Desde hace cinco horas.

1

five hours

2

three days

3

two hours

4

one week

5

eight hours

 5 **Escucha y lee.**

¿Qué le duele, señorita?
No me encuentro bien.
Me duelen las muelas
desde hace cuatro horas …

(Estribillo)

¿Qué le duele? ¿Qué le duele?
Tuve un accidente.
Ahora me duele el pie
y la cabeza también.

(Estribillo)

¿Qué te duele, Toño?
Me duele mucho la mano.
Me caí de mi caballo.
¡Ay! ¡Ay! ¡Ay! ¡Qué tonto!

(Estribillo)

Me siento muy, muy mal.
Fatal … me siento fatal.
Me duele la garganta
desde hace una semana.

(Estribillo)

(Estribillo)
Tengo que ver al médico,
no me encuentro bien.
Tengo que ir al hospital,
me siento muy, muy mal.

 6 **Busca estas frases en español en la canción.**

Ejemplo: **1** Tuve un accidente.

1 *I had an accident.*
2 *Where does it hurt, Miss?*
3 *I have to see the doctor.*
4 *How stupid!*
5 *Terrible … I feel terrible.*
6 *I don't feel well.*
7 *I fell off my horse.*
8 *I feel very, very bad.*

¿Qué te/le duele?

No me encuentro bien.

Me siento (muy) mal/fatal.

Me duele el/la …/Me duelen los/las …

Desde hace …

Jugué al (baloncesto/voleibol, etc.)

Hice (natación/patinaje, etc.)

Fui (a la discoteca/a la bolera, etc.)

Comí (patatas fritas/tres hamburguesas, etc.)

Bebí …

¡Ay! ¡Qué desastre!/¡Qué horror!/¡Qué tonto!

 7 **Escribe otra estrofa para la canción.**
Write another verse for the song.

escuchar 1 Escucha y escribe la letra correcta. (1–10)

Ejemplo: **1** c

 No me encuentro bien. 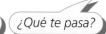 ¿Qué te pasa?

a

Estoy enfermo.

b

Tengo fiebre.

c

Tengo una picadura.

d

Tengo una quemadura de sol.

e

Tengo diarrea.

f

Tengo tos.

g

Tengo gripe.

h

Tengo catarro.

i

Tengo vómitos.

j

Estoy cansado.

hablar 2 ¡Juega! Elige dos problemas del ejercicio 1. Tu compañero/a hace preguntas.

● No me encuentro bien.
■ ¿Qué te pasa? ¿Tienes fiebre?
● No.
■ ¿Estás cansado/a?
● No.
■ ¿Tienes catarro?
● Sí. Tengo catarro.

escribir 3 No quieres salir con un chico/una chica. Escribe un correo electrónico.

Ejemplo: No puedo salir. Estoy enfermo. Tengo gripe.

Gramática

You use the verb **tener** (*to have*) to refer to most medical problems.

Tengo catarro.	*I have/I've got a cold.*
Tiene tos.	*He/She has a cough.*

But some expressions use the verb **estar** (*to be*) followed by an adjective.

estoy	*I am*
estás	*you (sing.) are*
está	*he/she/it is*
estamos	*we are*
estáis	*you (plural) are*
están	*they are*

The adjective ending must agree with the subject:

Estoy cansado/a.	*I am tired.*
Están enfermos/as.	*They are ill.*

4 Escucha y escribe los datos. (1–6)

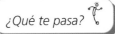 *¿Qué te pasa?*

 ¿Qué le pasa?

Hay que …

	Problema	Remedio	Frecuencia
1	fiebre	aspirinas	x 3

 usar esta crema

 tomar estas pastillas

 tomar este jarabe

 tomar estas aspirinas

 beber agua

 × 1 una vez al día

 × 2 dos veces al día

 × 3 tres veces al día

 por la mañana

 por la tarde

 5 Con tu compañero/a, haz estos diálogos.

- ● Buenos días, señor/señorita. ¿Qué le pasa?
- ■ No me encuentro bien. <u>Tengo fiebre</u> y <u>me duele la cabeza</u>.
- ● Hay que <u>beber agua</u> y hay que <u>tomar estas aspirinas tres veces al día</u>.
- ■ Gracias.

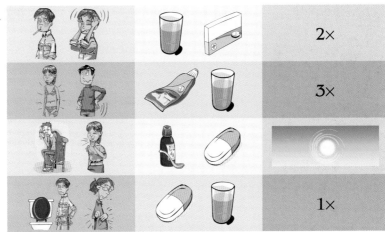

 6 Lee y da consejos a estas personas.

Ejemplo: **1** Hay que tomar estas aspirinas dos veces al día y …

---

www.tusalud.es

¿Qué te pasa?

1 Creo que estoy enferma. Estoy cansada y me duele la cabeza. También tengo tos y me duelen los ojos. ¿Qué tengo que hacer? *Alicia*

2 No me siento bien. Ayer fui a la playa con mis amigos y ahora tengo una quemadura de sol y también tengo vómitos. ¡Ayuda por favor! *Juan*

3 Me duele mucho la mano. Tengo una picadura. ¿Qué voy a hacer? *Rosa*

4 No me encuentro bien. Fui al restaurante ayer y hoy tengo diarrea. ¡Qué horror! Voy al baño … *Pepe*

5 Creo que tengo gripe. Tengo fiebre y me duele todo el cuerpo. También estoy cansada. ¿Hay alguien que tenga consejos para mí? *Isabel*

1 Pon la comida en la columna correcta.

 Comida sana	Comida malsana
verduras	

verduras **galletas** **patatas fritas** **Coca-Cola**

fruta **pescado** **café** **caramelos**

huevos **leche** **agua** **pasteles**

 2 Escucha y comprueba tus respuestas.

 3 Escucha y apunta las respuestas de Angelina y Luis. (1–5) Luego lee los resultados del test para Angelina y Luis.

Ejemplo: **1** Angelina d, Luis a

1 ¿Con qué frecuencia comes pescado?
 a Nunca como pescado.
 b Lo como de vez en cuando.
 c Lo como dos veces a la semana.
 d Lo como todos los días.

2 ¿Con qué frecuencia bebes Coca-Cola?
 a La bebo todos los días.
 b La bebo dos veces al día.
 c La bebo dos veces a la semana.
 d Casi nunca bebo Coca-Cola.

3 ¿Con qué frecuencia comes caramelos?
 a Los como todos los días.
 b Los como tres veces a la semana.
 c Los como una vez al mes.
 d No los como casi nunca.

4 ¿Con qué frecuencia comes verduras?
 a Nunca las como.
 b Las como de vez en cuando.
 c Las como una vez al día.
 d Las como cinco veces al día.

5 ¿Con qué frecuencia comes patatas fritas?
 a Las como todos los días.
 b Las como una vez a la semana.
 c Las como una vez al mes.
 d Nunca las como.

todos los días = *every day*
dos veces a la semana = *twice a week*
una vez al mes = *once a month*
de vez en cuando = *from time to time*
casi nunca = *almost never*

Si tienes una mayoría de …

a ¡No comes bien! Comes muchas cosas que son muy perjudiciales para tu salud. ¡Hay que decir adiós a la comida basura!

b Comes bastante bien, pero también comes pasteles, caramelos y patatas fritas. Por favor, tienes que beber agua y ¡no entres en la pastelería!

c Generalmente comes bien. Pero comes caramelos de vez en cuando … Hay que decir, 'No gracias'.

d ¡Bravo! Comes una dieta muy sana. ¡Qué aproveche!

---

4 **Con tu compañero/a, pregunta y contesta.**

● ¿Con qué frecuencia bebes café?

■ Lo bebo todos los días.

(masculine singular) **(masculine plural)**

(feminine singular) **(feminine plural)**

Gramática

Direct object pronouns replace nouns and usually come in front of the verb.

queso (masc. singular) → **Lo** como	*I eat it*
Coca-Cola (fem. singular) → **La** bebo	*I drink it*
caramelos (masc. plural) → **Los** como	*I eat them*
verduras (fem. plural) → **Las** como	*I eat them*

Para saber más página 127

---

5 **Busca estas frases en español en el texto.**

1 *I am going to have a healthier diet.*
2 *I have to change my life.*
3 *I am going to eat fewer cakes.*
4 *from time to time I eat healthy food*
5 *I am never going to drink Coca-Cola.*
6 *I never eat them (crisps).*
7 *Never again.*
8 *I am going to eat more fruit and vegetables.*

Pues … como caramelos y pasteles todos los días pero de vez en cuando como comida sana, pescado por ejemplo o huevos. No me gustan nada las patatas fritas. Nunca las como.

Bebo leche todos los días, pero también bebo café y Coca-Cola y la Coca-Cola no es sana.

Tengo que cambiar mi vida. Voy a tener una dieta más sana. Voy a comer bien y voy a comer más fruta y verduras. También voy a comer menos pasteles.

Nunca voy a beber Coca-Cola. ¿Qué más? No voy a beber café. Nunca más.

---

6 **¿Qué comes? ¿Qué bebes? Escribe un texto utilizando el texto del ejercicio 5 como modelo.**

Ejemplo: Pues … como verduras y fruta tres veces a la semana, pero …

Mini-test

I can
● name parts of the body
● say what hurts
● describe my symptoms and get a remedy
● name healthy and unhealthy food
G use the verbs **tener** and **estar**
G use direct object pronouns

4 La vida sana

 Escucha y escribe la letra correcta. (1–10)

*Para llevar una vida más sana **debes** …*

a hacer deporte
frecuentemente

b dormir ocho
horas al día

c beber agua
frecuentemente

d comer más
fruta y verduras

e comer menos
caramelos

*Para llevar una vida más sana **no debes** …*

f comer comida
basura

g fumar
cigarrillos

h tomar
drogas

i beber
alcohol

j beber muchos
refrescos

2 Juego de memoria. Con tu compañero/a, haz frases muy largas.

● Para llevar una vida más sana, debes comer menos caramelos …
■ Para llevar una vida más sana, debes comer menos caramelos y beber agua frecuentemente …
● Para llevar una vida más sana, no debes fumar cigarrillos …
■ Para llevar una vida más sana, no debes fumar cigarrillos o tomar drogas …

Gramática

deber means *to have to/must*. It is usually followed by another verb in the infinitive.

debo
debes
debe   **Debes** comer más fruta. *You must eat more fruit.*
debemos   **No debes** beber alcohol. *You mustn't drink alcohol.*
debéis
deben

 Escucha. Copia y rellena la tabla. (1–5)

	Positivo	Negativo	Consejos
1	huevos	pasteles	menos pasteles
	leche	Coca-Cola	menos refrescos
	duerme 8 horas		

Listen out for the verbs in the past tense:
bebí … *I drank …*   jugué … *I played …*
comí … *I ate …*   salí …   *I went out …*
fumé … *I smoked …*   vi …   *I watched …*
hice … *I did …*

leer 4 Lee los textos. Empareja las preguntas con las respuestas apropiadas.

Ejemplo: **1** b

---

www.tusalud.es

Pregunta | Responde | Descubre

¿Quieres llevar una vida más sana?
Pide ayuda a Susana Salud Perfecta …

1 **El toro:** Me gustan mucho los caramelos y las hamburguesas. ¿Qué es peor: comer un kilo de caramelos o cinco hamburguesas?

2 **Sara:** Quiero bajar de peso pero no sé cómo. No me gusta nada la comida sana. Ayuda, por favor.

3 **Mili:** Me gusta dormir más de ocho horas al día. ¿Qué me dices?

4 **Ramón:** Normalmente los jueves, juego al fútbol pero ayer no jugué. Vi la televisión todo el día. No quise ir a la piscina. Hoy no me siento sano. Me duele el cuerpo. ¿Qué tengo que hacer?

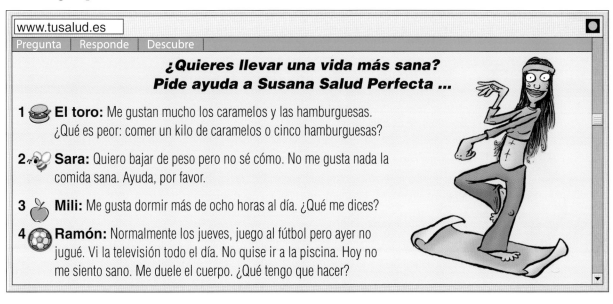

---

www.tusalud.es

a Comer demasiado carne puede ser perjudicial para la salud. ¡Cuidado! Para comer bien, debes comer carne, verduras y fruta.

b ¿Es un chiste? ¡Qué horror! ¡No debes comer comida basura! Tu cuerpo necesita una dieta equilabrada. Hay que comer comida más sana y no olvides tu botella de agua, por favor.

c Haz una lista. ¿Qué vas a comer mañana? Debes comer fruta y verduras y debes beber agua. También debes hacer deporte frecuentemente, tres veces a la semana por lo menos si quieres bajar de peso.

d Debes salir y hacer deporte. ¡Muévete! ¿Qué haces enfrente de la television durante todo el día? ¿Vas a empezar a fumar también? Por favor, respétate.

e La regla de 'los tres ochos' – ocho horas para dormir, ocho para trabajar, ocho con tu familia – es una regla muy sana. Si duermes más, vas a tener problemas de insomnio.

> bajar de peso = *lose weight*
> no quise = *I didn't want*
> no sé = *I don't know*
> cuidado = *be careful*
> perjudicial = *bad, harmful*
> no olvides = *don't forget*

---

 leer 5 Elige una pregunta a Susana Salud Perfecta con la respuesta correcta. Escribe un resumen en inglés.

 escribir 6 Escribe un correo electrónico a Susana. Luego escribe sus consejos.

Me gusta(n) comer/beber/tomar …
No me gusta(n) hacer/comer/beber …
Ayer/El fin de semana pasado …
comí …/bebí …/fumé …/dormí …/vi …/escuché …
Quiero bajar de peso/llevar una vida más sana.
¿Qué debo hacer?

Para bajar de peso/llevar una vida más sana
debes/no debes …

5 Mis pecados

1 Escucha y lee. Contesta a las preguntas en inglés.

---

miespacio.com

imiespacio   **El lugar de los amigos**

| Vídeos | Favoritos | Foros | Grupos | Música |

Jorge

Domingo 12 de mayo 9.00

Ayer por la noche salí con unos amigos. Primero fuimos al salón recreativo donde cantamos karaoke y después fuimos a la discoteca. Fue muy divertido. Bailé salsa casi toda la noche. Lo pasé bomba pero sólo dormí tres horas. También bebí una botella de vino. Comí 3 hamburguesas y fumé 10 cigarrillos. Más tarde fui a casa a pie y vomité en el parque. ¡Qué vergüenza!

Domingo 12 de mayo 11.00

Normalmente los domingos voy al polideportivo y juego al voleibol o hago natación. Pero ahora no me encuentro bien. Me duele la cabeza, tengo diarrea y estoy muy cansado. Por eso duermo mucho, veo un poco la televisión y leo. No como nada y sólo bebo agua. Buagh … Tengo que ir al baño …

Domingo 12 de mayo 4.00

A partir de hoy voy a llevar una vida más sana. Voy a comer bien y voy a beber al menos dos litros de agua al día. También voy a hacer deporte frecuentemente. Voy a dormir ocho horas y nunca más voy a fumar cigarrillos. No voy a beber alcohol. No voy a salir con mis amigos nunca más.

---

1 On the 11th May, where did Jorge go and what did he do there?
2 How much sleep did he get that night?
3 What did he eat and drink?
4 How did he get home?
5 What does he normally do on Sundays?
6 How is he feeling at 11 o'clock?
7 What are his symptoms?
8 Name four things he is going to do to change his life.
9 What has he decided to give up?
10 What is the last thing he mentions?

Gramática

Remember how the three tenses of different types of verbs work:

	Infinitive	Preterite	Present tense	Future tense
-ar verbs	e.g. bailar (*to dance*)	bailé (*I danced*)	bailo (*I dance*)	voy a bailar (*I'm going to dance*)
-er and **-ir** verbs	e.g. comer (*to eat*)	comí (*I ate*)	como (*I eat*)	voy a comer (*I'm going to eat*)
Stem-changing verbs	e.g. jugar (*to play*)	jugué (*I played*)	juego (*I play*)	voy a jugar (*I'm going to play*)
Irregular verbs	e.g. ir (*to go*)	fui (*I went*)	voy (*I go*)	voy a ir (*I'm going to go*)

Para saber más   página 131

2 Busca los verbos en el texto del ejercicio 1.

Pretérito	Presente	Futuro
salí		

3 Con tu compañero/a, pregunta y contesta por Jorge.

1 ¿Adónde fuiste ayer por la noche?
2 ¿Cómo fue?
3 ¿Qué hiciste?
4 ¿Qué haces normalmente los domingos?
5 ¿Qué te pasa hoy?
6 ¿Qué comes y qué bebes?
7 ¿Qué vas a hacer para llevar una vida más sana?
8 ¿Qué no vas a hacer?

 4 Copia el texto y rellena los espacios en blanco con palabras del cuadro.

Ejemplo: **1** salí

El fin de semana pasado ⁽¹⁾_____ con unos amigos. ⁽²⁾_____ al salón recreativo donde jugamos al futbolín. Lo pasé muy bien. ⁽³⁾_____ un café y ⁽⁴⁾_____ un bocadillo. Mi amigo ⁽⁵⁾_____ unos cigarrillos. No me gusta nada eso. Para llevar una vida sana no debes fumar. Más tarde ⁽⁶⁾_____ a casa en autobús.

Normalmente el domingo ⁽⁷⁾_____ al polideportivo. ⁽⁸⁾_____ un poco al hockey y luego ⁽⁹⁾_____ gimnasia. Me encanta la gimnasia.

Este fin de semana ⁽¹⁰⁾_____ al cine. ⁽¹¹⁾_____ una película de artes marciales. Va a ser muy emocionante. El domingo ⁽¹²⁾_____ mensajes y voy a escuchar música.

fui	voy a mandar	salí	hago
fuimos	voy a ir	bebí	fumó
voy	voy a ver	juego	comí

 5 Escribe un blog donde hablas de tu vida.

Yesterday …	Normally on Saturday …	Tomorrow …
I went to the sports centre	I go swimming	I am going to go out with some friends
I played badminton	I play volleyball	I am going to eat a hamburger
I ate fruit	I eat chicken and vegetables	I am going to sing karaoke
I drank lots of water	BUT it's boring	I am going to dance all night
		It is going to be great! (Va a ser …)

Resumen

Unidad 1

I can

- name parts of the body — la cabeza, el brazo, las piernas, los pies
- ask how long something has been a problem — ¿Desde hace cuánto tiempo?
- say how long something has been a problem — Desde hace tres días/dos horas/una semana.
- say I don't feel well — No me encuentro bien.
- **G** use familiar and formal 'you' forms — ¿Qué **te** duele? ¿Qué **le** duele?
- **G** use **me duele** and **me duelen** — Me duele la espalda. Me duelen los ojos.

Unidad 2

I can

- describe different symptoms — Estoy enfermo. Tengo fiebre. Tengo una picadura.
- ask someone what the matter is — ¿Qué te pasa? ¿Qué le pasa?
- suggest a remedy — Hay que tomar este jarabe. Hay que beber agua.
- say how often a remedy should be used — una vez al día/dos veces al día/por la mañana
- **G** use **tener** and **estar** to talk about health problems — Estoy cansado. Están enfermos.
  Tengo gripe. Tiene catarro.

Unidad 3

I can

- name healthy and unhealthy foods — pescado, leche, agua, caramelos, pasteles
- ask how often someone eats something — ¿Con qué frecuencia comes verduras?
- use frequency expressions — Nunca como verduras. Bebo agua de vez en cuando.
- **G** use direct object pronouns — Me gusta el pollo. **Lo** como dos veces a la semana.
  No me gusta mucho la fruta. No **la** como casi nunca.

Unidad 4

I can

- ask if someone leads a healthy life — ¿Llevas una vida sana?
- say what you need to do to live a healthy life — Debes hacer deporte frecuentemente/comer más fruta/comer menos caramelos.
- **G** use **deber** + infinitive — **Debo** hacer deporte frecuentemente.
  No debes fumar cigarrillos y tomar drogas.
- **G** use **para** to make more complex sentences — Para llevar una vida más sana debes comer una dieta sana.

Unidad 5

I can

- talk about lifestyle changes — A partir de hoy voy a llevar una vida más sana. Voy a comer bien. Voy a dormir ocho horas y nunca voy a fumar cigarrillos más.
- **G** use three tenses together — Ayer salí con unos amigos y bebí alcohol. Hoy no me encuentro bien. Mañana voy a ir al polideportivo.

1 Escucha. Copia y rellena la tabla. (1–5)

	Problema(s)	Causa	Remedio(s)
1	quemadura de sol espalda	playa	crema agua

 2 Con tu compañero/a, pregunta y contesta.

¿Con qué frecuencia comes verduras?

¿Con qué frecuencia bebes agua?

¿Qué comiste ayer?

¿Qué bebiste ayer?

¿Qué vas a comer mañana?

¿Qué vas a beber mañana?

 3 Lee el texto. ¿Verdadero (V) o falso (F)?

Ejemplo: 1 F

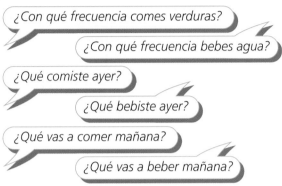

Ayer salí con unos amigos. Fuimos a la bolera y después comí patatas fritas y una hamburguesa en una cafetería. ¡Qué tonta soy! Me gusta mucho hacer deporte. Juego al fútbol los sábados y hago natación dos veces a la semana pero también me gusta comer hamburguesas. Nunca bebo alcohol. Casi nunca bebo refrescos.

Para llevar una vida más sana, debo comer más fruta y verduras y menos hamburguesas, lo sé … Pero … ¡me gustan las hamburguesas!

Alicia

1 Alicia salió con sus hermanos.
2 Fue a la piscina y luego a la cafetería.
3 Le gusta mucho hacer deporte.
4 Juega al fútbol los sábados.
5 Bebe alcohol de vez en cuando.
6 Le encanta comer hamburguesas.

 4 Escribe un párrafo utilizando estas notas.

miespacio.com

miespacio *El lugar de los amigos*

Last weekend … ate crisps, drank fizzy drinks, watched TV

Today … don't feel well, head hurts, feel sick

Tomorrow … am going to eat a more healthy diet, sleep eight hours, do sport

¡Extra!

escuchar 1 Escucha y lee.

hablar 2 Con tu compañero/a, lee en voz alta la historia de Patricia y Diego.

1 P – Me interesa mucho el arte y me encanta la arquitectura de Gaudí pero nunca fui al parque Güell. ¿Dónde está exactamente?

2 D – A ver, ¿ves la montaña? desde el metro vamos todo recto, luego a la izquierda y está al final de la calle.

3 P – Mira, Diego, este dragón es precioso. Me encantan estos colores. Estamos en un mundo mágico …

4 P – ¿Sabes que la arquitectura de Gaudí es modernista? Él siempre utiliza curvas y formas contorneadas. Me encantan sus mosaicos de cerámica. ¡Todo es impresionante!

5 P – ¿Qué pasa, Diego? ¿No te gusta el parque Güell?
D – Pues, no Patricia, no me gusta mucho. Creo que no es mi estilo, las esculturas son aburridas.

6 P – Diego, no pasa nada. No estamos de acuerdo pero te quiero de todas maneras.

no pasa nada = *it doesn't matter*
estar de acuerdo = *to agree*
de todas maneras = *anyway*

ZONA CULTURA

Antoni Gaudí

Antoni Gaudí (1852–1926) fue arquitecto. Estudió en Barcelona.

Utilizó la naturaleza, elementos medievales e influencias orientales en su arquitectura modernista.

Su obra más famosa es la Sagrada Familia. Es el monumento más visitado de España.

Casa de la Pedrera

---

leer 3 Busca estas palabras en la historia de Patricia y Diego.

1 art	**3** architecture	**5** modernist	**7** style
2 mosaics	**4** curves	**6** sculptures	**8** twisted forms

---

escuchar 4 Escucha y lee. Copia los verbos subrayados y luego empareja el inglés con el español.

Ejemplo: entró en – has arrived in

> ## La yerba mate – *como el café, pero con beneficios para la salud*
>
> La yerba mate, una bebida típica de Argentina, Uruguay y Paraguay, ya <u>entró en</u> los Estados Unidos y <u>fue adoptada</u> por varias celebridades y actores: Madonna, Alicia Silverstone, Antonio Banderas y Melanie Griffith.
> La yerba mate <u>estimula</u> la actividad física, <u>elimina</u> la fatiga y también tiene efectos beneficiosos sobre los músculos y los nervios. La yerba mate <u>puede ser comparada</u> con el café, pero sus efectos estimulantes <u>no producen</u> ni insomnio ni irritabilidad. <u>Contiene</u> vitaminas del complejo B que <u>llevan</u> azúcar a los músculos y vitaminas C y E que <u>actúan</u> como defensas del cuerpo.

don't produce   has been adopted   eliminates   can be compared

stimulates   contains   act   deliver   has arrived in

---

leer 5 ¿Qué significan estas frases del texto? Comprueba tus respuestas utilizando el diccionario.

Ejemplo: **1** benefits (for health)

1 beneficios (para la salud)	**3** la actividad física	**5** los músculos y los nervios
2 varias celebridades	**4** la fatiga	**6** irritabilidad

---

escribir 6 Write an advert for yerba mate, using vocabulary from the text above and expressions from the box.

¡Compra yerba mate!	*Buy yerba mate!*
¡Bebe …!	*Drink …!*
¡Disfruta …!	*Enjoy …!*
¡Prueba …!	*Try …!*

Gramática

La salud 6

leer 1 Choose the correct part of **doler**, then translate the sentences into English.

? Need help? Go to Unidad 1
? Want to know more? Go to page 132

1 Me **duele** / **duelen** la mano desde hace dos horas.
2 Me **duele** / **duelen** las piernas desde hace tres días.
3 ¿Te **duele** / **duelen** los ojos?
4 ¿Desde hace cuánto tiempo te **duele** / **duelen** la garganta?
5 ¿Qué le **duele** / **duelen**, señorita?
6 No me **duele** / **duelen** mucho los pies.
7 A Antonio le **duele** / **duelen** el estómago.
8 Me **duele** / **duelen** el brazo y la pierna.

leer 2 Read the conversation and fill in the gaps with the correct parts of **tener** or **estar**.

? Need help? Go to Unidad 2
? Want to know more? Go to page 130

Isabel: No me encuentro bien. (1) Estoy enferma. Me duele la cabeza y (2)_____ vómitos.

Felipe: Yo no (3)_____ vómitos pero no me siento bien. (4)_____ fiebre y (5)_____ muy cansado.

Isabel: ¿(6)_____ cansado? A ver … ¿(7)_____ tos también?

Felipe: No, mi hermano (8)_____ tos pero yo no. Yo (9)_____ fiebre.

Isabel: Mamá, Felipe (10)_____ fiebre y (11)_____ cansado pero no (12)_____ tos, ¿qué le pasa?

La mamá de Isabel: Pues (13)_____ enfermo …

Isabel y Felipe: (14)_____ enfermos, muy enfermos …

tengo	~~estoy~~	está	tengo	tiene	estoy	tiene
tengo	tienes	estás	tengo	está	estamos	tiene

? Need help? Go to Unidad 4
? Want to know more? Go to page 133

escribir 3 Translate these sentences into Spanish.

Example: **1** Para llevar una vida sana debes comer bien.

1 To lead a healthy life, you must eat well.
2 To eat well, you must eat fruit.
3 To sleep well, you must do sport.
4 To do sport, you must lose weight.
5 To lose weight, you must drink water.
6 To change your life, you must listen to Susana Salud Perfecta.

> **Para** is followed by a verb in the infinitive.

4 Write out the sentences with the correct part of **deber**, then translate the sentences into English.

? Need help? Go to Unidad 4
? Want to know more? Go to page 132

Example: **1** Debes dormir ocho horas al día. You must sleep eight hours per day.

1 (*you sing.*) dormir ocho horas al día.
2 (*we*) comer más fruta y verduras.
3 No (*they*) beber alcohol.
4 (*she*) beber agua frecuentemente.
5 No (*you pl.*) fumar cigarrillos.
6 (*I*) hacer deporte frecuentemente.
7 No (*you sing.*) comer comida basura.
8 No (*they*) tomar drogas.

 5 Choose the correct verb each time.

? Need help? Go to Unidad 5
? Want to know more? Go to page 131

El fin de semana pasado [1] **salgo / salí / voy a salir** con mi familia. Primero [2] **fuimos / vamos a ir / vamos** a un restaurante donde [3] **cenamos / vamos a cenar** y [4] **vamos a cantar / cantamos** karaoke y después [5] **fuimos / vamos a ir / vamos** al cine. [6] **Es / Fue / Va a ser** muy divertido. [7] **Voy a beber / Bebí / Bebo** mucha agua porque es sano y [8] **comí / como / voy a comer** una paella. ¡Qué rico!

Ayer [9] **duermo / voy a dormir / dormí** ocho horas y hoy me siento muy bien. Normalmente los domingos [10] **voy / voy a ir / fui** a la bolera con mis amigos y luego [11] **fuimos / vamos / vamos a ir** a la cafetería, pero hoy mi padre quiere ir al estadio para ver un partido de fútbol. Estoy muy contenta – me encanta el fútbol.

Mañana [12] **voy a comer / comí / como** bien y [13] **hago / hice / voy a hacer** mucho deporte. Eso es muy importante para llevar una vida sana. También el martes [14] **hice / hago / voy a hacer** natación, el miércoles [15] **voy a jugar / jugué / juego** al voleibol y el jueves [16] **jugué / juego / voy a jugar** al fútbol.

Lourdes

El cuerpo	The body
el brazo	arm
el estómago	stomach
el pie	foot
la cabeza	head
la espalda	back
la garganta	throat
la mano	hand
la pierna	leg
la rodilla	knee
las muelas	teeth
los oídos	ears
los ojos	eyes

¿Qué te duele?	What hurts?
Me duele la pierna.	My leg hurts.
Me duelen las muelas.	My teeth hurt.
¿Desde hace cuánto tiempo?	For how long?
Desde hace …	For …
dos horas	two hours
tres días	three days
una semana	a week

¿Qué te pasa?	What's the matter?
Estoy cansado/a.	I'm tired.
Estoy enfermo/a.	I'm ill.
Tengo catarro.	I've got a cold.
Tengo diarrea.	I've got diarrhoea.
Tengo fiebre.	I've got a temperature.
Tengo gripe.	I've got flu.
Tengo tos.	I've got a cough.
Tengo una picadura.	I've been stung.
Tengo una quemadura de sol.	I've got sunburn.
Tengo vómitos.	I've been sick.
No me encuentro bien.	I don't feel well.

Hay que …	You have to …
beber agua	drink water
tomar estas aspirinas	take these aspirins
tomar estas pastillas	take these tablets
tomar este jarabe	take this syrup
usar esta crema	use this cream
una vez al día	once a day
dos veces al día	twice a day
tres veces al día	three times a day
por la mañana	in the morning
por la tarde	in the afternoon/ evening

Una dieta sana	A healthy diet
la comida sana	healthy food
la comida malsana	unhealthy food
el agua (f)	water
el café	coffee
el pescado	fish
la fruta	fruit
la leche	milk
las galletas	biscuits
las patatas fritas	chips
las verduras	vegetables
los caramelos	sweets
los huevos	eggs
los pasteles	cakes

¿Con qué frecuencia bebes café?	*How often do you drink coffee?*
Lo bebo todos los días.	*I drink it every day.*
¿Con qué frecuencia comes caramelos?	*How often do you eat sweets?*
Los como una vez a la semana.	*I eat them once a week.*
¿Con qué frecuencia comes fruta?	*How often do you eat fruit?*
La como de vez en cuando.	*I eat it from time to time.*
¿Con qué frecuencia comes patatas fritas?	*How often do you eat chips?*
Las como una vez al mes.	*I eat them once a month.*

La vida sana

Healthy living

Para llevar una vida más sana, (no) debes …	*To lead a healthier life you should (not) …*
beber agua frecuentemente	*drink water often*
beber alcohol	*drink alcohol*
beber muchos refrescos	*drink a lot of fizzy drinks*
comer comida basura	*eat junk food*
comer más fruta y verduras	*eat more fruit and vegetables*
comer menos caramelos	*eat fewer sweets*
dormir ocho horas al día	*sleep eight hours a night*
fumar cigarrillos	*smoke cigarettes*
hacer deporte frecuentemente	*do sport often*
tomar drogas	*take drugs*

Palabras muy útiles

Very useful words

desde hace	*for (length of time)*
nunca	*never*
de vez en cuando	*from time to time*
también	*also*
para	*in order to*
ayer	*yesterday*
normalmente	*normally*
mañana	*tomorrow*

Estrategia

The gender of nouns

You can often work out whether a noun is masculine or feminine by looking at the ending of the word:
– Most nouns ending in **-o**, **-or** and **-ón** are masculine.
– Most nouns ending in **-a**, **-dad** and **-ción** are feminine.

But be careful! There are exceptions, for example:
el día   **la** mano

To check, use a dictionary: look for the abbreviations *nm* (masculine noun) and *nf* (feminine noun).

Can you work out the gender of these nouns from Module 6 without using a dictionary?

- actividad
- estómago
- picadura
- horror
- salón
- canción

escribir 1 Match up the sentence halves (they are colour coded) and then write the English.

Example: Chateo por internet.   I chat on the internet.

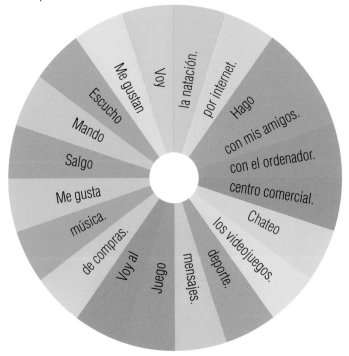

Me gustan
Voy
la natación.
por internet.
Escucho
Hago
Mando
con mis amigos.
Salgo
con el ordenador.
Me gusta
centro comercial.
música.
Chateo
de compras.
los videojuegos.
Voy al
Juego
mensajes.
deporte.

escribir 2 Write a paragraph as if you were Paco using the information on the form.

Example: Me llamo Paco Torres. Soy …

Nombre	Paco Torres
Nacionalidad	colombiano
Edad	15
☺	cómics
Actividades	juego al fútbol
Carácter	inteligente y divertido
Pelo	corto y castaño
Ojos	marrones

leer 3 Write these sentences out in the correct order.

Example: 1 Voy a jugar al fútbol.

1 a al jugar Voy fútbol.
2 jugar Voy al a futbolín.
3 los Voy bolos a a jugar.
4 a ir Voy compras de.
5 ver Voy una película a.
6 de fútbol un ver partido a Voy.
7 sol Voy el tomar a.
8 bailar a Voy.

leer 1 Choose the correct word.

Ejemplo: El mejor amigo de Pepe se llama Antonio.

El mejor **amiga / amigo** de Pepe se llama Antonio. **Tiene / Tengo** dieciocho años.
Es **alto / alta**. Tiene **el pelo / los ojos** corto y castaño. **Tengo / Tiene** los ojos
marrones. Es divertido **y / pero** generoso. **Te gusta / Le gusta** leer y hacer deporte.

leer 2 Who is it? Write the correct name. (There is one picture too many.)

www.mejores–amigos.es

**Amigos para siempre –
¡tenemos tanto en común!**

Silvia

Carlos

Alfredo

Lola

1
Mi mejor amigo es bastante bajo. Es muy inteligente y no es perezoso. Tiene el pelo pelirrojo y ondulado. Tiene los ojos marrones. Le gusta hacer deporte.

2
Mi mejor amiga es muy guapa y muy delgada. Es seria y tranquila. Tiene el pelo negro y largo y los ojos negros. Le gusta leer y escuchar música.

3
Mi mejor amigo es alto. Es inteligente y bastante generoso, pero no es hablador. Tiene el pelo castaño y corto y tiene los ojos marrones. Le gustan los cómics y los videojuegos pero también le gusta tomar el sol.

Le gusta(n)… = *He/She likes…*

escribir 3 Write the website text describing these people.

Ejemplo: **a** Mi mejor amigo es bastante alto. …

a

b

Te toca a ti A

 escribir

1 Write the questions out correctly and underline the infinitives.
Then translate them into English.

Ejemplo: **1** ¿Quieres <u>ir</u> al estadio? – Do you want to go to the stadium?

1 ir ¿Quieres estadio? al

2 discoteca? a ¿Quieres ir la

3 a la bolera? ir ¿Quieres

4 película? ¿Quieres una ver

5 salir? ¿Quieres

6 ¿Quieres fútbol? al jugar

7 chatear internet? ¿Quieres por

8 de ¿Quieres compras? ir

 leer

2 Where are they going to meet? Match up the two halves of the notes and then translate them into English.

Ejemplo: **1** d Quedamos en la bolera. – Let's meet in the bowling alley.

1 Quedamos en la b

2 Quedamos en tu ca

3 Quedamos detrás del centro comer

4 Quedamos delante del es

5 Quedamos en el salón re

6 Quedamos delante de la dis

a cial

b creativo

c coteca

d olera

e tadio

f sa

 leer

3 Write out the words in the wordsnakes with the correct punctuation.
Then match the excuses to the pictures.

Ejemplo: **1** Lo siento, no puedo. Tengo que leer mi perro. – b

1 losientonopuedotengoqueleermiperro

2 losientonopuedotengoquecomermidiccionario

3 losientonopuedotengoquepasearamihermana

4 losientonopuedotengoquelavarmelospies

5 losientonopuedotengoqueescucharelsol

a   **b**   **c**   **d**    **e**

1 **Who is speaking? Alejandro or Patricia? Write A or P.**

Example: **1** A

> No me gustan nada las telenovelas. Son muy aburridas. Prefiero los documentales o los programas de deporte. Me interesa el telediario y también el tiempo pero odio los programas de tele-realidad. Son malos. Mi programa favorito se llama *Ayer*. Es un documental.
>
> **Patricia**

> Odio las comedias y también los dibujos animados. Son tontos. No son interesantes. Me encantan los concursos porque son informativos y educativos pero no me gusta nada el telediario. Es aburrido. Mi programa favorito se llama *Los desparecidos*. Es una serie de policías.
>
> **Alejandro**

1 I hate comedies.

2 I don't like soaps.

3 I love game shows.

4 I prefer documentaries.

5 The news is interesting.

6 The news is boring.

2 **Write three sentences using all of the words in the box each time. There is more than one right answer!**

Example: **1** Las películas de artes marciales son menos divertidas que las comedias, pero más emocionantes que las películas de ciencia-ficción.

1
son películas de
que pero menos
marciales las que
más de divertidas
artes películas las
comedias emocionantes
las ciencia-ficción

2
son acción las
películas amor que
los interesantes
de películas las
menos pero de
divertidas animados
más que dibujos

3
que de las
terror películas aburr
idas las y
de guerra tontas
las del más Oeste
películas son que
menos películas

 3 **Read the texts, then fill in the gaps using the words from the box.**

> Tatiana, tengo un problema. Mis padres dicen que tengo que ordenar mi dormitorio todos los días y eso no me gusta nada. Es mi dormitorio y me gusta así. También tengo que pasear al perro pero no me gusta salir cuando llueve. No tengo tiempo para mí y ¡eso no es justo!
> **Ana, Girona**
>
> *Tienes que hablar con tus padres: ellos pueden pasear al perro también. Si llueve, ponte un abrigo. Por último creo*

Ana tiene un problema. Sus padres dicen que tiene que ordenar (1) ___ dormitorio y eso no (2) ___ gusta nada. También (3) ___ que pasear al perro, pero no le (4) ___ salir cuando llueve. Tatiana responde que Ana tiene (5) ___ hablar con (6) ___ padres y que su dormitorio es (7) ___ responsabilidad.

tiene   su   sus   gusta   su   que   le

escribir 1 Solve the anagrams. Write out the sentences and match each one to a picture.

Ejemplo: **1** Lo pasé guay. – c

1 Lo pasé `gyua`
2 Lo pasé `nbie`
3 Lo pasé `noeenalfm`
4 Lo pasé `mla`
5 Lo pasé `aobmb`

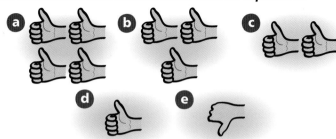

escribir 2 Write out the questions and answers in pairs.

Ejemplo: **1** ¿Adónde fuiste de vacaciones?
Fui a Italia.

1 ¿Adónde fuiste de vacaciones?
2 ¿Con quién fuiste?
3 ¿Cómo fuiste?
4 ¿Qué hiciste?
5 ¿Cómo fue?

a Fui a Italia.
b Fui de excursión y visité monumentos.
Por la noche, fuimos a la discoteca.
c Fui con mis amigos.
d Fue guay.
e Fui en avión.

leer 3 Match up the holidays to the descriptions. (There is one description too many.)

1 **2** **3**

a Fui a Barcelona.
Fui en barco.
Descansé un poco, tomé el sol y visité monumentos.
Fue genial.

b Fui de vacaciones a Pontevedra.
Fui con mi familia en coche.
Monté en bicicleta y tomé el sol. Fue estupendo.

c Fui a Madrid.
Fui con mis amigos.
Fuimos en coche.
Visité monumentos y saqué fotos. Fue guay.

d Fui de vacaciones a Palma de Mallorca. Fui en avión.
Fui con mi familia y fue muy aburrido.
Fuimos de compras y fuimos a la playa.

escribir 1 Put the words in the wordsnake into three groups.

españamandécochegreciatrenaviónjuguéfuiautocarportugalbailébarcoargentinadescanséescocia

Transporte	**Verbos**	**Países**
coche	mandé	España

 leer 2 Who is talking: Claudia or Norberto?
Write C or N.

Ejemplo: **1** N

Normalmente voy a Madrid de vacaciones y voy de compras. Me encanta ir de compras. Mando mensajes a mis amigos todos los días.

El año pasado fui a Francia con mi hermana. Fuimos en coche. Monté a caballo y fui de excursión a la montaña. Fue estupendo. También fui a la torre Eiffel. Lo pasé fenomenal.

Claudia

Normalmente voy a Palma de Mallorca de vacaciones. Voy a la playa, tomo el sol y escucho música. Juego al voleibol un poco y hago natación también. Por la noche voy a la discoteca.

Pero el año pasado fui a Paris con mi padre. Fuimos en avión y luego en autocar. Visité monumentos y museos. Fue un poco aburrido. Lo pasé mal. Prefiero la playa.

Norberto

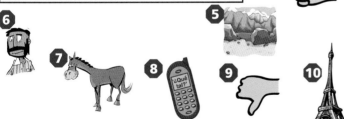

 escribir 3 Copy out the text with the correct verbs.

Ejemplo: … (**1**) Visité monumentos …

El año pasado fui a Grecia de vacaciones. **(1) Visité / Escuché** monumentos y **(2) monté / mandé** mensajes. **(3) Jugué / Tomé** al fútbol y **(4) bailé / monté** en bicicleta también. **(5) Tomé / Mandé** el sol en la playa. Lo pasé bomba. **(6) Fui / Fue** guay.

1 Match up the word halves and then write a sentence using each word.

Ejemplo: Normalmente como pizza.

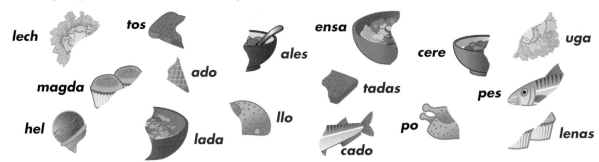

lech   tos   ensa   cere   uga

ales

magda   ado   tadas   pes

hel   llo   po   lenas

lada   cado

2 Put the pictures in the same order as the dialogue.

Ejemplo: d, …

Camarero	Buenos días, señora. ¿Qué va a tomar?
Señora	De primer plato quiero ensalada.
	De segundo plato quiero paella.
	Y de postre quiero fruta.
Camarero	¿Para beber?
Señora	Agua, por favor.
Camarero	Muy bien, señora.

3 Match up the dinosaurs with the shopping bags. (There is one bag too many.)

1 Nunca como carne. Soy herbívora. Como fruta y verduras. Hoy en el mercado compré quince lechugas, veinte pepinos y diez kilos de peras.

2 Como plantas pero no me gusta la ensalada: prefiero la fruta. Hoy en el mercado compré cinco kilos de uvas y tres kilos de peras.

3 Como carne, pero también como verduras. Hoy compré un kilo de jamón, cinco lechugas, dos kilos de tomates, diez pepinos y quinientos gramos de queso. Voy a preparar una ensalada griega …

Belén Braquiosaurio   **Paco Parasaurolofus**   **Teresa Tiranosaurio**

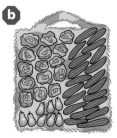

1 *Match up the sentence halves.*

Las horas de comer en España

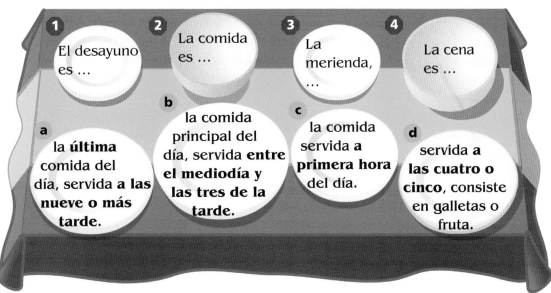

1 El desayuno es …

2 La comida es …

3 La merienda, …

4 La cena es …

a la **última** comida del día, servida **a las nueve o más tarde**.

b la comida principal del día, servida **entre el mediodía y las tres de la tarde**.

c la comida servida a **primera hora** del día.

d servida **a las cuatro o cinco**, consiste en galletas o fruta.

2 *Copy out the text and fill in the gaps.*

Ejemplo: … el ganador Diego (**1**) comió gusanos …

Diego gana el premio de supervivientes

Para ganar el premio del día, el ganador Diego **(1) comió / comiste** gusanos, moscas, cucarachas, escarabajos y arañas. **(2) Gané / Ganó** una cesta de comida con pollo, pescado, ensalada y fruta.

No **(3) compartimos / compartió** su comida con sus amigos. **(4) Comieron / Comió** todo en su tienda. No **(5) vomité / vomitó**.

supervivientes = *survivors*
cesta = *basket*
tienda = *tent*

3 *Translate these jokes into English.*

¿Va a tomar una tortilla española o una tortilla francesa?
No importa.
No voy a hablar con ella.

¿No vas a comer los caracoles?
No. Prefiero la comida rápida.

1 Unjumble these items of clothing and then match them to the pictures.

Ejemplo: **1** unas botas – j

1 suna toabs
2 aun simateac
3 nu seeryj
4 nuso qosreuav
5 nu soditve
6 nuso poatzsa
7 nau rroga
8 nua radedusa
9 anu dalfa
10 nuas llaspatiza ed tropede
11 nua taquecha
12 sonu nspetalona

2 Write eight sentences saying whether or not you like these items of clothing.

Ejemplo: **1** Me gusta este jersey.

♥	me gusta	este/esta …
✖	no me gusta	
♥	me gustan	estos/estas …
✖	no me gustan	

3 Copy out the text and fill the gaps with phrases from the box. (There is one phrase too many.)

¡Hola! Me llamo Cintia. Soy chilena. Me gustan
(1) [image] . Me encanta **(2)** [image] y **(3)** [image] también.

Normalmente llevo **(4)** [image] y **(5)** [image] pero mañana voy a ir de excursión.

Primero voy a montar en bicicleta y luego voy a montar a caballo. Voy a llevar **(6)** [image] , **(7)** [image] y **(8)** [image] .

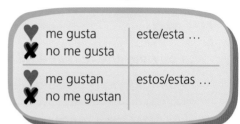

unos vaqueros   una falda   escuchar música   una camiseta
los videojuegos   leer   los cómics   una sudadera   unas botas

leer **1** Which item is the most expensive? List the items in order, from least expensive to most expensive.

Las botas son menos caras que las zapatillas de deporte.
La falda es más cara que la camiseta.
La camiseta es más cara que la gorra.
Las botas son más caras que la falda.
Las zapatillas de deporte son menos caras que los zapatos.

 escribir **2** Write the opposites of these adjectives.

1 feo **2** incómodo **3** caro **4** anticuado

 escribir **3** Copy out the conversation and fill the gaps with words from the box. (There is one word too many.)

cómoda
cuál
esta
gustan
más
menos
prefiero

– Me gusta mucho
(1) ~~~~ camiseta.
¿**(2)** ~~~~ prefieres, Anita?
– **(3)** ~~~~ esta y también es **(4)** ~~~~ cara.
– No, no, esta es mucho
(5) ~~~~ bonita y además es **(6)** ~~~~.

 escribir **4** Translate these sentences into Spanish.

Ejemplo: **1** Este jersey es el más cómodo.

1 This sweater is the most comfortable.
2 This T-shirt is the cheapest.
3 This dress is the least expensive.
4 This sweatshirt is the least comfortable.
5 These jeans are the nicest.
6 These boots are the most practical.

leer 1 Héctor Hipocondríaco's mum has written some notes for him. For each medicine, write down in English how often he has to take it.

Example: **1** Once a day

  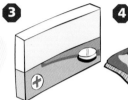 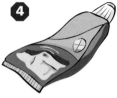 

Hay que tomar este jarabe una vez al día.

Hay que tomar estas pastillas dos veces al día.

Hay que tomar estas aspirinas tres veces al día.

Hay que usar esta crema por la mañana.

Hay que tomar estas pastillas por la tarde.

escribir 2 Separate out the foods, then write a sentence about each one.

Example: La fruta es comida sana.

| ✔ Es comida sana | ✘ No es comida sana |

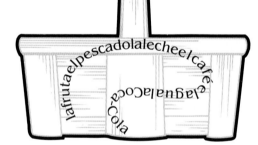

lafrutaelpescadolalecheelcafé lagualaCoca-Cola

escribir 3 Write a sentence for each picture.

Example: **1** Tengo tos.

Tengo	diarrea tos gripe catarro una quemadura de sol vómitos fiebre una picadura
Estoy	enfermo cansado

1 Unjumble these sentences, then match each one to the correct picture.

a   b   c   d   e   f

1 debes dormir al ocho vida horas una día llevar más sana Para
2 llevar menos una caramelos Para vida más comer sana debes
3 Para más debes llevar beber vida agua sana frecuentemente una
4 no Para tomar llevar drogas una vida más sana debes
5 no llevar debes una beber vida muchos sana Para refrescos más
6 comer Para no una llevar vida más comida sana debes basura

2 Read Luis's text and put the English sentences into the order of the text:

Example: **3** I don't feel well.

1 I go swimming at 7.
2 I only slept four hours.
3 I don't feel well.
4 I am going to eat fruit and vegetables.
5 It's bad for your health.
6 I smoked some cigarettes too.
7 On Saturday night I went to the disco.
8 My ears hurt a lot.

No me encuentro bien. Me duelen los oídos desde hace dos días.
El sábado por la noche fui a la discoteca con mi hermana.
Bailamos salsa y lo pasamos bomba, pero ahora me duelen
mucho los oídos. Dormí solamente cuatro horas y normalmente los domingos por
la mañana hago natación a las siete, pero hoy no quise ir.
También fumé unos cigarrillos. No sé por qué. No me gusta nada fumar. ¡Qué
horror! No es sano – es perjudicial para la salud.
Hoy – lunes – voy a comer una dieta sana. Voy a comer fruta y verduras y voy a
beber mucha agua. Luego me voy a sentir bien.
Luis

3 Answer the questions in Spanish in full sentences.

Example: **1** A Luis le duelen los oídos.

1 ¿Qué le duele a Luis?
2 ¿Adónde fue el sábado por la noche?
3 ¿Con quién fue?
4 ¿Qué hace normalmente Luis los domingos por la mañana?
5 ¿Por qué no le gusta fumar?
6 ¿Qué va a comer hoy?

Gramática

Glossary of grammar terms

1 NOUNS
- 1.1 Gender
- 1.2 Singular/Plural
- 1.3 The indefinite article ('a/an', 'some')
- 1.4 The definite article ('the')

2 PRONOUNS

3 ADJECTIVES
- 3.1 Agreement of adjectives
- 3.2 Position of adjectives
- 3.3 Comparatives
- 3.4 Superlatives
- 3.5 Possessive adjectives ('my', etc.)
- 3.6 Demonstrative adjectives ('this', 'these')

4 VERBS
- 4.1 The infinitive
- 4.2 The present tense
- 4.3 The near future tense
- 4.4 The preterite
- 4.5 Recognising different tenses
- 4.6 Making verbs negative
- 4.7 *me gusta*, etc.
- 4.8 *se puede/se pueden*
- 4.9 Verbs with the infinitive

5 PREPOSITIONS

6 QUESTION WORDS

Glossary of grammar terms

adjective
a word describing a noun (*divertido* – entertaining)

connective
a joining word (*pero* – but, *porque* – because)

demonstrative adjective
an adjective used to point out a noun (**esta** *camiseta* – **this** T-shirt)

definite article
the word for 'the' *(el/la/los/las)*

infinitive
the dictionary form of a verb, ending in **-ar**, **-er** or **-ir** in Spanish (*escuchar* – to listen, *leer* – to read, *vivir* – to live, *ser* – to be)

indefinite article
the word for 'a' (*un/una*) or 'some' (*unos/unas*)

gender
whether a word is masculine or feminine (*un bocadillo* – m, *una pizza* – f)

noun
a word naming a person or thing (*amigo* – friend)

preposition
a word or phrase showing the relationship of one thing to another (*debajo de* – under) or showing possession (*de* – of, 's)

preterite
the simple past tense, used to refer to an action or event in the past (*salí con mis amigos* – I went out with my friends)

pronoun
a word that stands for a noun (*yo* – I, *tú* – you, *él* – he, *ella* – she)

possessive adjective
an adjective showing who something belongs to (*mi* – my, *tu* – your, *su* – his/her)

qualifier
a word that makes a description more specific (*muy* – very)

reflexive verb
a verb that includes a pronoun referring back to the subject (**me** *ducho* – I shower (myself))

tense
a verb form showing when an action takes place (**voy** *a la piscina* – now/normally: present tense, **fui** *a al piscina* – in the past: preterite, **voy a ir** *a la piscina* – in the future: near future tense)

verb
a word that refers to an action or event (*como* – I eat, *llueve* – it rains); it can also refer to an ongoing state (**es** *guapo* – he **is** good-looking); **regular verbs** follow the patterns of one of the three verb groups (**-ar/-er/-ir**), but **irregular verbs** don't

1 Nouns

1.1 Gender

A noun is a word that names a person or thing. In Spanish all nouns have a gender: masculine or feminine. Nouns ending in **-o** are usually masculine (e.g. **estadio**); nouns ending in **-a** are usually feminine (e.g. **playa**). For other nouns, you need to learn the gender when you learn the word:

el fútbol (masculine)   **la ciudad** (feminine)

1.2 Singular/Plural

The plural is used when referring to more than one of something. The form of the plural depends on the noun's ending:

ends in a vowel	add **-s**	libro**s** *books*
ends in a consonant	add **-es**	móvil**es** *mobile phones*
ends in **-z**	change **z** to **c** and add **-es**	lápi**zces** *pencils*

1.3 The indefinite article ('a/an', 'some')

In Spanish the words for 'a/an' and 'some' change according to the gender of the noun and whether it is singular or plural.

	Singular	Plural
masculine	**un** libro *a book*	**unos** libros *some books*
feminine	**una** mochila *a schoolbag*	**unas** mochilas *some schoolbags*

1.4 The definite article ('the')

The Spanish for 'the' also changes according to the gender of the noun and whether it is singular or plural.

	Singular	Plural
masculine	**el** ordenador *the computer*	**los** ordenadores *the computers*
feminine	**la** ventana *the window*	**las** ventanas *the windows*

2 Pronouns

2.1 Subject pronouns

A pronoun takes the place of a noun.

Jenny → she   the game → it

Spanish has words for 'I', 'you', 'he', 'she', etc., but generally they are not used with verbs: the verb on its own is enough. However, you do need to be able to recognise them.

yo	*I*
tú	*you (singular)*
él	*he*
ella	*she*

nosotros	*we (male)*
nosotras	*we (female)*
vosotros	*you (plural, male)*
vosotras	*you (plural, female)*
ellos	*they (male)*
ellas	*they (female)*

2.2 Direct object pronouns

Direct object pronouns replace the object of the verb and usually come in front of the verb. The pronoun changes according to whether the object it's replacing is masculine or feminine, singular or plural.

	Singular	Plural
masculine	lo	los
feminine	la	las

Me gusta **el queso**. **Lo** como una vez a la semana. ¿Te gustan **las patatas fritas**? Sí, **las** como todos los días.

3 Adjectives

3.1 Agreement of adjectives

ending in ...	Singular		Plural	
	masc.	**fem.**	**masc.**	**fem.**
-o or **-a**	divertido	divertida	divertidos	divertidas
-e	grande	grande	grande**s**	grande**s**
consonant*	fácil	fácil	fácil**es**	fácil**es**

* Note that **hablador** and other adjectives ending in **-or** have different feminine forms, although they end in a consonant, e.g. **habladora(s)**.

Gramática

Colours

Colour words are adjectives and generally follow the same patterns as the adjectives above, with a few exceptions. For example, **rosa – rosas** (pink) and **naranja – naranjas** (orange) change only in the plural.

ending in …	Singular		Plural	
	masculine	feminine	masculine	feminine
-o or -a	negro	negra	negros	negras
-e	verde	verde	verdes	verdes
consonant	azul	azul	azules	azules

Nationalities

Nationalities are also adjectives. Nationality words ending in **-o/-a** and **-e** follow the patterns above, but those ending in a consonant have different feminine forms, e.g. **escocesa(s)**.

ending in …	Singular	
	masculine	feminine
-o or -a	mexicano	mexicana
-e	estadounidense	estadounidense
consonant	escocés	escocesa

ending in …	Plural	
	masculine	feminine
-o or -a	mexicanos	mexicanas
-e	estadounidenses	estadounidenses
consonant	escoceses	escocesas

3.2 Position of adjectives

In Spanish, most adjectives follow the noun they are describing.

Tiene los ojos **marrones**.   *She has **brown** eyes.*
Me gustan los chicos **inteligentes**.
   *I like **intelligent** boys.*

3.3 Comparatives

When you want to compare two things, you use the comparative form of the adjective:

más + adjective + **que** = *more … than*
menos + adjective + **que** = *less … than*

The adjective agrees with the noun it describes.

Las comedias son **más divertidas que** las películas de amor.
   *Comedies are **funnier** (literally: **more funny**) **than** romantic films.*
Los dibujos animados son **menos interesantes que** las películas de guerra.
   *Cartoons are **less interesting than** war films.*

Some comparatives are irregular and have to be learned separately.

mejor (singular)/**mejores** (plural) = *better*
peor (singular)/**peores** (plural) = *worse*

Las comedias son **mejores**.
Los dibujos animados son **peores**.

3.4 Superlatives

When you want to say 'the biggest', 'the smallest', etc., you use the superlative form of the adjective. It consists of the appropriate definite article + **más/menos** + adjective. The adjective agrees with the noun it describes.

Este vestido es **el más cómodo**.
   *This dress is **the most comfortable**.*
Estas botas son **las menos prácticas**.
   *These boots are **the least practical**.*

3.5 Possessive adjectives ('my', etc.)

Possessive adjectives are the words for 'my', 'your', etc. They agree with the noun they describe.

	Singular	Plural
my	mi hermano/a	mis hermanos/as
your	tu hermano/a	tus hermanos/as
his/her/its	su hermano/a	sus hermanos/as

3.6 Demonstrative adjectives ('this', 'these')

The word for 'this' and 'these' changes its ending depending on whether the noun it describes is masculine or feminine, singular or plural.

Singular		Plural	
masculine	feminine	masculine	feminine
este vestido	esta chaqueta	estos zapatos	estas botas

4 Verbs

4.1 The infinitive

The infinitive is the form of a verb used in a dictionary or wordlist. In Spanish, regular verbs fall into three groups, with infinitives ending in **-ar**, **-er** or **-ir**.

4.2 The present tense

The present tense is used to talk about what usually happens (e.g. I **go** to school every day) or about how things are (e.g. French lessons **are** very boring). In Spanish, it can also be used to talk about what is happening now (e.g. I **am doing** my homework).

(a) regular verbs

	-ar **verbs**
	hablar – to speak
(yo – I)	habl**o**
(tú – you)	habl**as**
(él/ella – he/she)	habl**a**
(nosotros/as – we)	habl**amos**
(vosotros/as – you)	habl**áis**
(ellos/as – they)	habl**an**

	-er **verbs**	-ir **verbs**
	comer – to eat	**escribir** – to write
(yo – I)	com**o**	escrib**o**
(tú – you)	com**es**	escrib**es**
(él/ella – he/she)	com**e**	escrib**e**
(nosotros/as – we)	com**emos**	escrib**imos**
(vosotros/as – you)	com**éis**	escrib**ís**
(ellos/as – they)	com**en**	escrib**en**

(b) stem-changing verbs

Stem-changing verbs are verbs which are usually regular in their endings, but have a vowel change in the 'stem' (the part to which the endings are added) in some forms of the present tense.

	jugar – to play	**dormir** – to sleep
(yo)	j**ue**go	d**ue**rmo
(tú)	j**ue**gas	d**ue**rmes
(él/ella)	j**ue**ga	d**ue**rme
(nosotros/as)	jugamos	dormimos
(vosotros/as)	jugáis	dormís
(ellos/as)	j**ue**gan	d**ue**rmen

	poder – to be able, 'can'	**querer** – to want
(yo)	p**ue**do	qu**ie**ro
(tú)	p**ue**des	qu**ie**res
(él/ella)	p**ue**de	qu**ie**re
(nosotros/as)	podemos	queremos
(vosotros/as)	podéis	queréis
(ellos/as)	p**ue**den	qu**ie**ro

Poder and **querer** are usually followed by another verb in the infinitive: see section **4.9**.

(c) reflexive verbs

Reflexive verbs describe an action which you do to yourself. To show this, they include a pronoun which means 'myself', 'yourself', etc., although this pronoun is not always translated, e.g. **me** ducho – I shower (literally: I shower **myself**).

Reflexive verbs are generally regular in their endings, but some are stem-changing verbs.

	ducharse – to shower	**despertarse** – to wake up (stem-changing)
(yo)	**me** ducho	**me** desp**ie**rto
(tú)	**te** duchas	**te** desp**ie**rtas
(él/ella)	**se** ducha	**se** desp**ie**rta
(nosotros/as)	**nos** duchamos	**nos** despertamos
(vosotros/as)	**os** ducháis	**os** despertáis
(ellos/as)	**se** duchan	**se** desp**ie**rtan

(d) irregular verbs

Some verbs are not regular in the present tense: they don't follow the usual patterns for **-ar**, **-er** or **-ir** verbs. Some of the most useful irregular verbs are given below.

	hacer – to do	**salir** – to go out
(yo)	ha**go**	sal**go**
(tú)	haces	sales
(él/ella)	hace	sale
(nosotros/as)	hacemos	salimos
(vosotros/as)	hacéis	salís
(ellos/as)	hacen	salen

Gramática

	tener – *to have* (also stem-changing)	**ir** – *to go*
(yo)	t**engo**	**voy**
(tú)	tie**nes**	**vas**
(él/ella)	tie**ne**	**va**
(nosotros/as)	tenemos	**vamos**
(vosotros/as)	tenéis	**vais**
(ellos/as)	tie**nen**	**van**

	ser – *to be*	**estar** – *to be*
(yo)	**soy**	est**oy**
(tú)	**eres**	est**ás**
(él/ella)	**es**	est**á**
(nosotros/as)	**somos**	estamos
(vosotros/as)	**sois**	estáis
(ellos/as)	**son**	est**án**

tener que

The verb **tener** is also used in the expression **tener que**, which means 'to have to'. **Tener que** is followed by another verb in the infinitive.

Tiene que ordenar su dormitorio.
He **has to tidy** his room.

ser/estar

In Spanish there are two verbs meaning *to be*: **ser** and **estar**.

Ser is used to refer to ongoing or permanent states: **eres** alto – *you're tall*, **es** negro – *it's black*, ¿Cómo **eres**? – *What are you like?*

It is also used for telling the time:

¿Qué hora **es**? **Son** las cuatro.
What time is it? It's 4 o'clock.

Estar is used to refer to position and temporary conditions:

¿Dónde **está**?   *Where is it?*
¿Cómo **estás**?   *How are you?*

tener/estar

You use the verb **tener** (*to have*) to talk about medical problems just as you would in English.

Tengo catarro.   *I have/I've got a cold.*
Tiene tos.   *He/She has a cough.*

Some expressions use **estar** (*to be*) followed by an adjective.

Estoy cansado/a.   *I am tired.*
Están enfermos/as.   *They are ill.*

4.3   The near future tense

The near future tense is used to talk about what you are 'going to' do. It is formed with the present-tense form of **ir** + **a** + a verb in the infinitive.
(See section **4.2(d)** for the present tense of **ir**.)

Mañana **voy a jugar** al fútbol.
    Tomorrow I'm going to play football.
Vamos a ver una película.
    We're going to see a film.
¿Qué **vas a hacer**?   *What are you going to do?*

4.4   The preterite

The preterite (or 'simple past tense') is used to talk about events in the past that are now finished.

Ayer **fui** de excursión.   *Yesterday I went on a trip.*
Saqué fotos.   *I took photos.*
Fue guay.   *It was great.*

(a) regular verbs

	-ar verbs	
	visit**ar** – *to visit*	
(yo)	visit**é**	*I visited*
(tú)	visit**aste**	*you visited (singular)*
(él/ella)	visit**ó**	*he/she visited*
(nosotros/as)	visit**amos**	*we visited*
(vosotros/as)	visit**asteis**	*you visited (plural)*
(ellos/as)	visit**aron**	*they visited*

Other **-ar** verbs following this pattern include:

bailar, cantar, comprar, descansar, escuchar, estudiar, hablar, llevar, mandar, montar, pintar, tomar

These verbs have a spelling change in the 'I' form before the **é** ending:

jugar – jug**u**é, navegar – naveg**u**é, sacar – sa**qu**é

The **g** of the infinitive becomes **gu** and the **c** becomes **qu** to keep the sounds (*g* and *k*) the same before the letter **é**. The **u** is silent.

	-er verbs	
	comer – *to eat*	
(yo)	com**í**	*I ate*
(tú)	com**iste**	*you ate (singular)*
(él/ella)	com**ió**	*he/she ate*
(nosotros/as)	com**imos**	*we ate*
(vosotros/as)	com**isteis**	*you ate (plural)*
(ellos/as)	com**ieron**	*they ate*

	-ir verbs	
	salir – *to go out*	
(yo)	sal**í**	*I went out*
(tú)	sal**iste**	*you went out (singular)*
(él/ella)	sal**ió**	*he/she went out*
(nosotros/as)	sal**imos**	*we went out*
(vosotros/as)	sal**isteis**	*you went out (plural)*
(ellos/as)	sal**ieron**	*they went out*

Other **-er** verbs following this pattern include: **beber**

Other **-ir** verbs following this pattern include:
compartir, **escribir**, **recibir**

(b) *ir/ser*

The verbs **ir** and **ser** are irregular in the preterite. They are also unusual in both having exactly the same forms. The context makes it clear which verb is meant.

	ir – *to go*	
(yo)	fui	*I went*
(tú)	fuiste	*you went (singular)*
(él/ella)	fue	*he/she went*
(nosotros/as)	fuimos	*we went*
(vosotros/as)	fuisteis	*you went (plural)*
(ellos/as)	fueron	*they went*

	ser – *to be*	
(yo)	fui	*I was*
(tú)	fuiste	*you were (singular)*
(él/ella)	fue	*he/she was*
(nosotros/as)	fuimos	*we were*
(vosotros/as)	fuisteis	*you were (plural)*
(ellos/as)	fueron	*they were*

4.5 Recognising different tenses

It's important to recognise which tense is being used in speech or texts, and to use the correct tenses in your own speaking and writing. Look for key time expressions to help you.

+ present tense	+ near future tense	+ preterite
normalmente voy … *normally I go …* **generalmente** juego … *usually I play …* **todos los días** llevo … *every day I wear …* **los fines de semana** escucho … *at weekends I listen to …*	**mañana** voy a ir … *tomorrow I'm going to go …* **pasado mañana** voy a jugar … *the day after tomorrow I'm going to play …* **la próxima vez** voy a llevar … *next time I'm going to wear …* **este fin de semana** voy a ver … *this weekend I'm going to watch …*	**ayer** fui … *yesterday I went …* **anteayer** jugué … *the day before yesterday I played …* **el fin de semana pasado** compré … *last weekend I bought …* **el año pasado** monté … *last year I rode …* **el invierno pasado** descansé … *last winter I rested …* **el verano pasado** visité … *last summer I visited …*

Gramática

4.6 Making verbs negative

To make a sentence or a question negative, put **no** before the verb.

No voy a ir al cine.
I'm not going to go to the cinema.
¿Qué **no** te gusta?   *What don't you like?*

You can make a negative opinion with **no** stronger by adding **nada**.

No le gusta **nada** ir de compras.
*He doesn't like going shopping **at all**.*

nunca *(never)* also goes before the verb.

Nunca es aburrida.   *She is never boring.*

4.7 *me gusta*, etc.

(a) *me gusta/me gustan + noun*
me gusta *(I like)* literally means *it is pleasing to me*. If you are talking about liking more than one thing, use **me gustan** (literally: *they are pleasing to me*).

To say *you like*, use **te gusta/te gustan**. To say *he/she likes*, use **le gusta/le gustan**.

	+ singular noun	+ plural noun
I like	**me gusta** la ópera	**me gustan** las películas
you like	**te gusta** el fútbol	**te gustan** los libros
he/she likes	**le gusta** la música	**le gustan** los cómics

The expressions **me encanta** (*I love* – literally: *it delights me*) and **me interesa** (*I'm interested in* – literally: *it interests me*) follow the same patterns.

To make it clear who you are talking about, add **a** + the person's name.

A Carmen le encanta la natación.

You must include the definite article (**el/la/los/las**) with the noun.

Me interesa **la** música.   *I'm interested in music.*

(b) *me gusta + verb*
me gusta, **me encanta** and **me interesa** can also be followed by another verb in the infinitive. (Note that the plural forms, **me gustan** etc., are not used in this way.)

Me gusta **navegar** por internet.
I like to surf the net.
A Diego **le encanta jugar** al fútbol.
Diego loves to play football.

(c) *doler*
Doler (*to hurt*) behaves in the same way as **gustar**. So **me duele** literally means *it is hurting me*. If more than one thing hurts, use **me duelen** (literally: *they are hurting me*).

Me duel**e** la cabeza.   *My head hurts.*
Me duel**en** las piernas.   *My legs hurt.*

To ask someone if something hurts use **¿Qué te duele?** for someone you know or someone your own age, and **¿Qué le duele?** for an adult.

To say *his/her … hurts*, use **le duele**. To make it clear who you are talking about add **a** + the person's name.

A Luis le duele el pie.   *Luis' foot hurts.*

4.8 *se puede/se pueden*

The verb forms **se puede** and **se pueden** (from **poder** – *to be able*, *'can'*) mean 'you can'. They are followed by another verb in the infinitive.

Use **se puede** when referring to one thing and **se pueden** when referring to more than one.

Se puede comprar carne en una carnicería.
You can buy meat in a butcher's.
Se pueden comprar libros en una librería.
You can buy books in a bookshop.

4.9 Verbs with the infinitive

Some verbs can be followed by another verb in the infinitive. For example:

me gusta	*I like*
me encanta	*I love*
me interesa	*I am interested in*
odio	*I hate*
prefiero	*I prefer*
me gustaría	*I would like*
puedo*	*I can*
se puede(n)*	*you can*
quiero*	*I want*

tengo que*	*I have to*
voy a*	*I'm going to*
debo	*I must*

* See section **4.2(b)** for all forms of **querer** and **poder** and section **4.2(d)** for all forms of **tener** and **ir** in the present tense.

Me gusta **ver** la televisión.
  I like watching/to watch television.
Me encanta **escuchar** música.
  I love listening/to listen to music.
Odio **ordenar** mi dormitorio.
  I hate tidying my room.
Prefiere **salir** con sus amigos.
  He prefers going out/to go out with friends.
¿Te gustaría **ver** el partido?
  Would you like to watch the match?
Podemos **jugar** a los bolos.
  We can go bowling.
No se pueden **llevar** vaqueros en mi instituto.
  You can't wear jeans at my school.
¿Quieres **ir** al cine?
  Do you want to go to the cinema?
Tiene que **hacer** sus deberes.
  She has to do her homework.
Voy a **salir** con mis amigos.
  I'm going to go out with my friends.
Debo **comer** más fruta.
  I must eat more fruit.

5   Prepositions

A preposition is a word or phrase showing the relationship of one thing to another, e.g. 'on top of', 'behind', 'after'.

a	*to*
a la derecha de	*to the right of*
a la izquierda de	*to the left of*
al final de	*at the end of*
al lado de	*beside*
de	*from, of*
debajo de	*under*
delante de	*in front of*
después de	*after*
detrás de	*behind*
en	*in, at*

encima de	*on (top of)*
entre … y	*between … and*
para	*for*

The preposition **de** can also refer to who/what something belongs to.

la habitación **de** mi hermano	*my brother's room*

(literally: *the room of my brother*)

de + el
When **de** *(of)* is followed by **el**, **de + el** merge to make **del**. But **de + la** remain separate.

detrás **del** ordenador	*behind the computer*
delante **de la** casa	*in front of the house*

a + el
When **a** *(to)* is followed by **el**, they merge to make **al**. But **a + la** remain separate.

Fui **al** acuario.	*I went to the aquarium.*
Voy **a la** playa.	*I am going to the beach.*

para + infinitive
When followed by an infinitive, **para** means *in order to*.

Para llevar una vida más sana debes …
  (In order) to live a healthier life, you must …

6   Question words

Spanish question words always have an accent.

¿a qué hora?	*at what time?*
¿adónde?	*(to) where?*
¿cómo?	*how?, what … like?*
¿cuál?	*which one?*
¿cuáles?	*which ones?*
¿cuándo?	*when?*
¿cuánto/cuánta?*	*how much?*
¿cuántos/cuántas?*	*how many?*
¿dónde?	*where?*
¿por qué?	*why?*
¿qué?	*what?*
¿quién?	*who?*

*These words change to agree with a noun.

Vocabulario español–inglés

A

a *to*
a las (ocho) *at (eight) o'clock*
a menudo *often*
¿a qué hora? *at what time?*
abajo *downstairs, below*
el abrigo *coat*
aburrido/a *boring*
¡qué aburrido! *how boring!*
la aceituna *olive*
acostarse *to go to bed*
la actividad *activity*
actual *current, actual*
de acuerdo *OK*
estar de acuerdo (con) *to agree (with)*
me acuesto *I go to bed*
además *also, in addition*
adiós *goodbye*
¿adónde? *(to) where?*
el agente secreto *secret agent*
agradable *pleasant*
el agua *water*
ahora *now*
el ajedrez *chess*
al/a la *to the*
las albóndigas *meatballs*
Alemania *Germany*
algo *anything, something*
¿algo más? *anything else?*
alguien *someone*
algunas veces *a few times*
allí *there*
alto/a *tall*
amarillo/a *yellow*
América del Sur *South America*
la amiga *friend (f)*
el amigo *friend (m)*
la anchoa *anchovy*
andar en monopatín *to skateboard*
animado/a *excited, animated*
el año (pasado) *(last) year*
anteayer *the day before yesterday*
anticuado/a *old-fashioned, out of date*
antiguo/a *old, ancient*
aquí *here*
la araña *spider*
Argentina *Argentina*
argentino/a *Argentinian*
la arquitecta *architect (f)*
el arquitecto *architect (m)*
la arquitectura *architecture*
el arroz (pl. arroces) *rice, rice dish*
el artista *artist (m)*
la artista *artist (f)*
¡qué asco! *how disgusting!*
así que *so, thus*
la aspirina *aspirin*
atractivo/a *attractive*
el atún *tuna*
aunque *although*
en autocar *by coach*
la aventura *adventure*

en avión *by plane*
ayer *yesterday*
el azúcar *sugar*
azul *blue*

B

bailar *to dance/go dancing*
bailé *I danced*
bailo *I dance*
bajar de peso *to lose weight*
bajo/a *short (person)*
las Baleares *the Balearic Islands*
el balneario *spa*
el bañador *swimsuit*
el baño *bathroom*
barato/a *cheap*
en barco *by boat*
la barra de pan *baguette, loaf of bread*
el barrio *district*
bastante *enough*
beber *to drink*
bebí *I drank*
bebimos *we drank*
bebo *I drink*
el beneficio *benefit*
la berenjena *aubergine*
en bicicleta *by bike*
el bigote *moustache*
el billete *ticket*
blanco/a *white*
el bocadillo *sandwich*
la bolera *bowling alley*
la bolsa *bag*
bonito/a *nice, pretty*
¡qué bonito es! *how beautiful (it is)!*
el bosque tropical *tropical rainforest*
las botas *boots*
la botella de agua *bottle of water*
el botón *button*
el brazo *arm*
la bruja *witch*
¡buen viaje! *have a good trip!*
¡buenas noches! *good night!*
bueno … *well …*
bueno/a *good*

C

el caballero *gentleman*
el caballo *horse*
la cabeza *head*
el cacao *cocoa*
el café *coffee*
la cafetería *café*
calcula *calculate (command)*
la calle *street*
¡qué calor! *it's so hot!*
la cama *bed*
cambiar *to change*
la camisa *shirt*
la camiseta *T-shirt*

la camiseta de fútbol *football shirt*
el campo *countryside*
la caña de azúcar *sugar cane*
el canal *canal*
la canción *song*
el cangrejo *crab*
cansado/a *tired*
el cantante *singer (m)*
la cantante *singer (f)*
cantar *to sing*
la capital *capital*
el caracol *snail*
el carácter *character*
el caramelo *sweet*
caribeño/a *Caribbean*
la carne *meat*
el carné de identidad *identity card*
la carnicería *butcher's*
caro/a *expensive*
la carta *menu*
el cartón (de leche) *carton (of milk)*
la casa *house*
el casino *casino*
castaño *brown (hair)*
catalán *Catalan (language)*
el catálogo *catalogue*
el catarro *cold (illness)*
la cebolla *onion*
cenar *to have dinner/supper*
ceno *I have dinner/supper*
el céntimo *cent*
el centro *centre (of the town)*
el centro comercial *the shopping centre*
cerca *near*
los cereales *cereal*
la cerveza *beer*
la cesta *basket*
chatear por internet *to chat online*
el chico *boy*
me chifla(n) *I love, I adore*
chileno/a *Chilean*
el chiste *joke*
el chocolate con churros *hot chocolate with doughnuts*
el chorizo *chorizo (spicy sausage)*
chulo/a *great*
el cibercafé *internet café*
el cielo *sky*
cien *100*
el cigarrillo *cigarette*
el cine *cinema*
la ciudad *city*
la civilización *civilization*
la clase *type, class*
en coche *by car*
la cocina *kitchen*
el cocodrilo *crocodile*
el cóctel *cocktail*
el Cola Cao *Cola Cao (drinking chocolate)*
el cole *school (slang)*
la colección *collection*

el colegio *school*
colombiano/a *Colombian*
Colón *(Christopher) Columbus*
el color *colour*
¿de qué color son sus ojos? *what colour are his/her eyes?*
la comedia *comedy*
el comedor *dining room*
comer *to eat*
comí *I ate*
el cómic *comic*
la comida *food, meal, lunch*
la comida basura *junk food*
comió *he/she ate, he/she had for lunch*
comiste *you ate, you had for lunch*
como *I eat, I have for lunch*
¿cómo? *how?, what … like?*
¿cómo es? *what is he/she like?, what does he/she look like?*
¿cómo estás? *how are you?*
¿cómo fue? *what was it like?*
¿cómo fuiste? *how did you go?*
¿cómo te llamas? *what's your name?*
cómodo/a *comfortable*
compartimos *we share/we shared*
compartir *to share*
la competición *competition*
comprar *to buy*
ir de compras *to go shopping*
compraste *you bought*
compré *I bought*
compró *he/she bought*
¡compruébalo! *check it out (command)*
con *with*
el concierto *concert*
el concurso *competition, game show*
conmigo *with me*
conocí a *I got to know*
es conocido/a *is known*
el consejo *advice*
consiste (en) *it consists (of)*
contar *to tell, to count*
el continente *continent*
contorneado/a *twisted*
convirtió (en) *he/she/it changed/converted (into)*
la corbata *tie*
el correo electrónico *email, email address*
corto/a *short*
la cosa *thing .*
otra cosa *something else*
la costa *coast*
la costumbre *custom, habit*
creado/a *created*
la crema *cream*
creo que *I think that*
cruza *cross (command)*
cruzamos *we cross*
de cuadros *checked*

¿cuál(es)? *which one(s)?*
¿cuál es tu nacionalidad? *what is your nationality?*
¿cuál(es) prefieres? *which one(s) do you prefer?*
¿cuándo? *when?*
¿cuánto cuesta? *how much is it?*
¿cuánto tiempo pasaste allí? *how much time did you spend there?*
¿cuántos años tienes? *how old are you?*
el cuarto de baño *bathroom*
Cuba *Cuba*
cubano/a *Cuban*
la cucaracha *cockroach*
la cuenta *bill*
el cuento *story*
de cuero *leather*
el cuerpo *body*
el cumpleaños *birthday*
la curva *curve*

D

de *of, about*
deber *to have to, must*
los deberes *homework*
debes *you must*
debo *I must*
decidir *to decide*
decir *to say*
la defensa *defence*
del *of the (m)*
delante de *in front of*
delgado/a *slim*
delicioso/a *delicious*
demasiado *too (much)*
la democracia *democracy*
el deporte *sport*
a la derecha *to the right*
el desastre *disaster*
desayunar *to have breakfast*
desayuno *I have breakfast*
descansar *to rest*
descansé *I rested*
desde *from*
desde hace *for (time)*
¿desde hace cuánto tiempo? *for how long?*
el desierto *desert*
despertarse *to wake up*
me despierto *I wake up*
después *afterwards*
después de *after …ing*
el destino *destination*
detrás de *behind*
el día *day*
diario/a *daily*
la diarrea *diarrhoea*
el dibujo *art*
el dibujo animado *cartoon*
dice *he/she/it says*
dicen *they say*
dices *you say*
el diente *tooth*

la dieta *diet*
diferente *different*
dime *tell me (command)*
el dinero *money*
la dirección *direction*
la discoteca *disco*
la discriminación *discrimination*
el diseñador *designer (m)*
la diseñadora *designer (f)*
diseñar *to design*
el diseño *design*
el disfraz *disguise*
disfruta *enjoy (command)*
disfrutar *to enjoy*
divertido/a *amusing, entertaining*
el documental *documentary*
dobla *turn (command)*
el dólar *dollar*
el domingo *Sunday*
donde *where*
¿dónde? *where?*
¿dónde está? *where is?*
¿dónde quedamos? *where shall we meet?*
dorado/a *golden*
dormir *to sleep*
la droga *drug*
me duele *my … hurts*
duerme *sleep (command)*
durante *during*

E

la edad *age*
el edificio *building*
educativo/a *educational*
el ejemplo *example*
electrónico/a *electronic*
elegir *to choose*
el elemento *element*
elige *choose (command)*
eligió *he/she/it chose*
emocionante *moving, exciting*
empezar *to begin*
(no) empieces *(don't) start (command)*
en *in, at, by*
en tal caso *in that case*
le encanta(n) *he/she loves*
me encanta(n) *I love*
enfermo/a *ill*
enfrente *opposite*
la ensalada *salad*
entonces *then*
la entrada *ticket*
el entrante *starter*
entrar *to enter*
equilibrado/a *balanced*
el equipo *team*
eres *you (sing.) are*
es *he/she is*
escocés/escocesa *Scottish*
Escocia *Scotland*
escuchar *to listen*
escuché *I listened*
escucho *I listen*

Vocabulario español—inglés

la escultura *sculpture*
esencial *essential*
la espalda *back*
España *Spain*
español(a) *Spanish*
especial *special*
la especialidad *speciality*
la especie *species*
esperar *to hope*
espero *I hope*
el esquí (acuático) *(water) skiing*
los esquís *skis*
está *he/she/it is*
esta(s) *this (these) (f)*
el estadio *stadium*
estadounidense *North American*
Estados Unidos *United States*
estáis *you (plural) are*
estamos *we are*
estampado/a *patterned*
están *they are*
estar *to be*
estás *you (sing.) are*
este *this (m)*
el estilo *style*
el estómago *stomach*
estos *these (m pl)*
estoy *I am*
estoy de vacaciones *I'm on holiday*
la estrella *star, celebrity*
estudiar *to study*
estudias *you study*
estudió *he/she studied*
estupendo/a *fantastic*
el examen *exam*
la excursión *excursion, trip*
el explorador *explorer*
explorar *to explore*

F

la falda *skirt*
famoso/a *famous*
fantástico/a *fantastic*
la fauna *fauna*
favorito/a *favourite*
la fe *faith*
la fecha de nacimiento *date of birth*
feo/a *ugly*
la fiebre *temperature, fever*
la fiesta *party, festival*
la filosofía *philosophy*
el fin de semana *weekend*
al final *in the end*
físico/a *physical*
el flan *crème caramel*
la flora *flora*
de flores *flowery*
la forma *form, shape*
el foro *forum (internet)*
Francia *France*
frecuentemente *frequently*
frente a *opposite*
la fresa *strawberry*
frito/a *fried*

la fruta *fruit*
fue *he/she/it was, he/she/it went*
fui *I was, I went*
fuimos *we were, we went*
fumar *to smoke*
fumé *I smoked*
el fútbol *football*
el futbolín *table football*

G

las gafas de sol *sunglasses*
la galería de arte *art gallery*
Gales *Wales*
galés/galesa *Welsh*
la galleta *biscuit*
la gamba *prawn*
gana *he/she/it wins*
el ganador *winner (m)*
la ganadora *winner (f)*
ganar *to win*
tener ganas *to want to*
la garganta *throat*
el gato *cat*
generalmente *usually*
generoso/a *generous*
genial *brilliant*
el genio *genius*
la gente *people*
la gimnasia *gym*
el girasol *sunflower*
la gorra *cap*
la gótica *goth (f)*
el gótico *goth (m)*
gracias *thank you*
el gramo *gram*
grande *big, large*
grasiento/a *greasy*
Grecia *Greece*
griego/a *Greek*
la gripe *flu*
gris *grey*
el grupo *group*
guapo/a *good-looking, attractive*
el guardarropa *wardrobe*
guay *great, cool*
¡qué guay! *how wonderful!*
el gusano *worm*
le gusta(n) *he/she likes*
me gusta(n) *I like*
me gustaría *I would like (to)*
¿te gustaría …? *would you like (to) …?*
el gusto *taste*
me gustó *I liked it*

H

el habitante *inhabitant*
el hábitat *habitat*
habitual *usual*
habitualmente *usually*
hablador(a) *talkative, chatty*
hablar *to talk, to speak*

hablo *I talk, I speak*
hace buen tiempo *it's good/nice weather*
hace viento *it's windy*
hacer *to do, to make*
hacer mis deberes *to do my homework*
haces *you do, you make*
hago *I do, I make*
la hamburguesa *hamburger*
hasta *as far as, until*
hasta luego *see you later*
hasta pronto *see you soon*
hay *there is/there are*
hay que … *you have to …*
hecho/a (de) *made (of)*
el helado (de chocolate) *(chocolate) ice-cream*
herbívoro/a *herbivorous*
la hermana *sister*
el hermano *brother*
hermoso/a *wonderful, beautiful*
hice *I did*
histórico/a *historic*
hizo *he/she/it did, he/she/it made*
¡hola! *hello!*
el hombre *man*
horrible *awful*
hoy *today*
el huevo *egg*
húmedo/a *humid*

I

la idea *idea*
el ídolo *idol*
la iglesia *church*
la imagen *image*
importante *important*
imposible *impossible*
impresionante *impressive*
incómodo/a *uncomfortable*
independiente *independent*
industrial *industrial*
la influencia *influence*
la informática *ICT, computing*
informativo/a *informative*
Inglaterra *England*
inglés/inglesa *English*
el inicio *start, home (internet)*
inolvidable *unforgettable*
el insecto *insect*
el insomnio *insomnia*
el instituto *college*
inteligente *intelligent*
intenta *he/she/it tries*
me interesa(n) *I'm interested in*
interesante *interesting*
internacional *international*
íntimo/a *intimate*
el invierno *winter*
ir *to go*
Irlanda *Ireland*
irlandés/irlandesa *Irish*
la isla *island*

Italia *Italy*
italiano/a *Italian*
a la izquierda *to the left*

J

el jaguar *jaguar (animal)*
el jamón (serrano) *(cured) ham*
el jarabe *syrup*
el jersey *jumper*
joven *young*
las joyas *jewellery*
la joyería *jeweller's*
juego *I play*
el juego *game*
el jueves *Thursday*
el jugador *player (m)*
la jugadora *player (f)*
jugar a los bolos *to go bowling*
jugar al fútbol *to play football*
jugar al futbolín *to play table football*
jugué *I played*
juntos/as *together*

L

la laguna *lagoon*
la lana *wool*
largo/a *long*
me lavo el pelo *I wash my hair*
me lavo los dientes *I brush my teeth*
la leche *milk*
la lechuga *a lettuce*
levantarse *to get up*
me levanto *I get up*
la librería *bookshop*
el libro *book*
la limonada *lemonade*
el litro *litre*
llamarse *to be called*
se llama *his/her name is*
llamado/a *called*
me llamo *my name is*
la llanura *plain (land)*
llevar *to wear, to lead*
llevé *I wore*
llevo *I wear*
llevó *he/she wore*
el lolailo *fan of cheesy music*
el lomo *loin of pork*
la lucha *wrestling*
el luchador *wrestler*
luego *then*
el lujo *luxury*
de lunares *spotted*
el lunes *Monday*

M

la madre *mother*
la magdalena *fairy cake*
mágico/a *magic*
el maíz *maize, corn*

mal *bad/badly*
malo/a *bad*
mañana *tomorrow*
mandar *to send*
mandé *I sent*
mando *I send*
de manga corta *short-sleeved*
de manga larga *long-sleeved*
sin mangas *sleeveless*
la mano *hand*
la manzana *apple*
el mar (Caribe) *(Caribbean) sea*
la marca *brand*
los mariscos *seafood*
marrón *brown*
el martes *Tuesday*
más *more, most*
más ... que *more ... than*
medio/a *half*
medio kilo de *half a kilo of*
mediodía *midday*
mejor *better, best*
menos *less, least*
menos de *less than*
menos ... que *less ... than*
el mensaje *message, text*
el mercado *market*
merendar *to have tea*
meriendo *for tea I eat*
el mes *month*
mexicano/a *Mexican*
México *Mexico*
mí *me*
mi(s) *my*
mide *he/she/it is ... tall*
¡qué miedo! *how frightening!*
el miércoles *Wednesday*
mil *thousand*
mirar *to look at*
mirar escaparates *to go window-shopping*
de moda *in fashion*
modernista *modernist*
la momia *mummy*
el mono *monkey*
en monopatín *by skateboard*
la montaña *mountain*
montar a caballo *to go horse riding*
montar en bicicleta *to ride a bike*
monté en bicicleta *I rode my bike*
un montón de cosas *a heap of things*
el monumento *monument, sight*
moreno *dark (hair)*
el mosaico de cerámica *mosaic tiles*
la mosca *fly*
el motivo *motive, reason*
mucho gusto *pleased to meet you*
mucho/a *a lot*
las muelas *teeth*
la muerte *death*
la mujer *woman*

el mundo *world*
la muñequera *wristband*
murió *he/she died*
el músculo *muscle*
el museo *museum*
la música *music*
musulmán *Muslim*
muy *very*

N

nació *he/she was born*
la nacionalidad *nationality*
nada *nothing*
naranja *orange*
la natación *swimming*
los nativos amerindios *native Americans*
la naturaleza *nature*
navegar por *to navigate*
necesitas *you need*
negro/a *black*
el nervio *nerve*
¡ni en sueños! *in your dreams!*
¡ni hablar! *no way!*
la niña *child (girl)*
no *not*
¡no es justo! *it's not fair!*
no importa *it doesn't matter*
no me gusta (nada) *I don't like (at all)*
no me gustó *I didn't like*
no pasa nada *it doesn't matter*
¡no sé por qué! *I don't know why*
no seas negativo/a *don't be negative (command)*
la noche *night*
el nombre *name*
el noreste *northeast*
normal *normal*
normalmente *normally*
el norte *north*
la novia *girlfriend*
el novio *boyfriend*
nuestro/a *our*
nuevo/a *new*
el número *number*
nunca *never*

O

o *or*
la obra *work*
obtener *to obtain*
el Occidente *the West*
odio *I hate*
el oído *ear*
el ojo *eye*
ondulado/a *wavy*
la opción *option*
la ópera *opera*
la opinión *opinion*
el ordenador *computer*
ordenar (mi dormitorio) *to tidy (my room)*

oriental *oriental, eastern*
el origen *origin*

P

el padre *father*
los padres *parents*
la paella (de mariscos) *(seafood) paella*
el pájaro *bird*
el pan *bread*
la panadería *baker's, bread shop*
los pantalones *trousers*
las papas *potatoes*
para *for, in order to*
el parque *park*
el parque de atracciones *amusement park, funfair*
el partido *game, match*
pasado mañana *the day after tomorrow*
pasando *passing*
pasar *to spend*
el pasatiempo *hobby, pastime*
pasé *I spent*
¡lo pasé bien! *I had a good time!*
¡lo pasé bomba! *I had a fantastic time!*
¡lo pasé fenomenal! *I had a wonderful time!*
¡lo pasé guay! *I had a great time!*
¡lo pasé mal! *I had a bad time!*
pasear al perro *to walk the dog*
el paseo *walk*
la pasta *pasta*
el pastel *cake*
la pastelería *cake shop*
la pastilla *tablet*
la patata *potato*
las patatas bravas *spicy potatoes*
las patatas fritas *chips, crisps*
peinarse *to comb/brush one's hair*
me peino *I comb/brush my hair*
la peli *film (slang)*
la película *film*
de acción *action*
de amor *romantic*
de artes marciales *martial arts*
de ciencia-ficción *science fiction*
de guerra *war*
de terror *horror*
del Oeste *western*
pelirrojo/a *red (hair)*
la peluquería *hairdresser's*
el peluquero *hairdresser*
pensar *to think*
peor *worse*
el pepino *cucumber*
pequeño/a *small*
la pera *pear*
perder *to miss, to lose*
perdido/a *lost*

la perdiz estofada *stewed partridge*
perdón *excuse me*
perezoso/a *lazy*
perfecto/a *perfect*
perjudicial *bad, harmful*
pero *but*
la persona *person*
el pescado *fish*
el pescador *fisherman*
la pescadora *fisherwoman*
el petróleo *oil*
el pez *fish*
la picadura *sting*
a pie *on foot*
el pie *foot*
la piedra *stone*
la pierna *leg*
el pijo *posh (m)*
el pimiento *sweet pepper*
pintar *to paint*
pinté *I painted*
la pintura *painting*
la pizza *pizza*
el placer *pleasure*
la plata *money*
el plátano *banana*
el plato *dish*
la playa *beach*
la plaza *square*
un poco *a little*
podéis *you (plural) can*
podemos *we can*
poder *to be able to, can*
el polideportivo *sports centre*
el pollo *chicken*
por *for*
por favor *please*
por la mañana *in the morning*
por la tarde *in the evening*
¿por qué? *why?*
por supuesto *of course*
por último *finally*
porque *because*
Portugal *Portugal*
el postre *dessert*
practicar *to practise*
práctico/a *practical*
precioso/a *wonderful, beautiful*
preferido/a *favourite*
preferir *to prefer*
prefieres *you prefer*
prefiero *I prefer*
el premio *prize*
el presentador *presenter (m)*
la presentadora *presenter (f)*
presentar *to introduce*
el primer idioma *first language*
el primer plato *starter*
primero *first*
principal *main*
privado/a *private*
probar *to try*
probé *I tried*
el problema *problem*
proclamado/a *declared*
el profesor *teacher (m)*
la profesora *teacher (f)*

el programa *programme*
el programa de tele-realidad *reality show*
propio/a *own (adj)*
proteger *to protect*
la próxima vez *next time*
el pueblo *village*
puede *he/she can*
pueden *they can*
puedes *you (sing.) can*
puedo *I can*
pues *well*
el pulpo *octopus*
el punto *point*

Q

que *that*
¿qué? *what?*
¡que aproveche! *enjoy your meal/food!*
¿qué haces en tu tiempo libre? *what do you do in your free time?*
¿qué hay? *what is there?*
¿qué hiciste? *what did you do?*
¿qué quieres? *what would you like?*
¿qué tal? *how are you?*
¿qué tal lo pasaste? *what sort of a time did you have?*
me queda *it suits me*
me quedé *I stayed*
me quedo (en casa) *I stay (at home)*
la quemadura de sol *sunburn*
queréis *you (plural) want*
queremos *we want*
querer *to want*
el queso *cheese*
¿quién? *who?, whom?*
quiere *he/she wants*
quieren *they want*
quieres *you (sing.) want*
quiero *I want, I'd like*
te quiero *I love you*
quizás *perhaps*

R

el rabo *tail*
el rabo de toro *bull's tail*
la ración *portion*
la rana *frog*
rápido/a *quick*
rarísimo/a *very strange*
el rascacielo *skyscraper*
un rato *a while*
el ratón *mouse*
de rayas *striped*
recibió *he received*
recibir *to receive*
recomendamos *we recommend*
el refresco *fizzy drink*

el regalo   a present
la región   region
    regresar   to return
    regresó   he/she returned
la reina   queen
el reinado   reign
    relajarse   to relax
    República Dominicana   the
        Dominican Republic
la reserva natural   nature
        reserve
    responsable   responsible
    restableció   he/she re-
        established
el restaurante   restaurant
el resultado   result
    al revés   backwards
¡qué rica!   how delicious!
    rico/a   delicious, tasty
el río   river
el ritmo   rhythm
    rizado/a   curly
    robado/a   robbed
la rodilla   knee
    rojo/a   red
    romano/a   Roman
la ropa   clothes
    rosa   pink
    rubio/a   fair, blond
la ruta   route
la rutina diaria   daily routine

S

el sábado   Saturday
    sacar fotos   to take photos
    sales   you go out
    salgo   I go out
    salí   I went out
    salimos   we went out
    salió   he/she went out
    salir   to go out
    saliste   you went out
el salón   lounge
el salón recreativo   the
        amusement arcade
las sandalias   sandals
    sano/a   healthy
el santuario   sanctuary
    saqué fotos   I took photos
la sauna   sauna
el segundo plato   main course
la selva   jungle
la semana   week
    señor   sir
el señor del universo   master of
        the universe
    señora   madam
    ser   to be
la serie   series
la serie de policías   detective
        series
    serio/a   serious
la serpiente   snake
    servido/a   served
    severo/a   strict
    si   if

    siempre   always
lo siento   I'm sorry
    sigue todo recto   go straight on
    siguiente   following, next
    simpático/a   nice
    sin duda   without doubt
    sirven   they serve
    sobre todo   above all
    sois   you (plural) are
    sólo   only
    soltero/a   single
el sombrero   hat
    somos   we are
    son   they are
la sopa   soup
    soy   I am
    su(s)   his/her/your (polite)
la sudadera   sweatshirt
el sueño   dream
la sugerencia   suggestion
el supermercado   supermarket
el superviviente   survivor
el sur   south
    surrealista   surrealist

T

de tacón   high-heeled
    también   also
    tampoco   neither
    tanto en común   so much in
        common
    tanto tiempo   so much time
el tapeo   eating tapas
    tarde   late
el té   tea
el teatro   theatre
el telediario   news
la telenovela   soap opera
la televisión   television
la tendencia   trend
    tenéis   you (plural) have
    tenemos   we have
    tenemos miedo   we are
        frightened
    tener   to have
    tener mucho en común   to
        have a lot in common
    tener que   to have to
    tengo   I have
    tengo catorce años   I am 14
    tengo hambre   I'm hungry
    tengo que   I have to
    tengo sed   I'm thirsty
    tengo suerte   I'm lucky
no tengo tiempo   I don't have any
        time
la terraza   terrace
el tiempo   weather forecast
el tiempo libre   free time
la tienda   tent, shop
la tienda de música   music shop
la tienda de ropa   clothes shop
    tiene   he/she has
    tienen   they have
    tienes   you (sing.) have
el tigre   tiger

    típico/a   typical
el tipo   type
    todo/a   all
de todas maneras   anyway
    todo el tiempo   all the time
    todos los días   every day
    toma   take (command)
    tomar   to take
    tomar el sol   to sunbathe
el tomate   tomato
    tomé el sol   I sunbathed
    tonto/a   stupid, daft
la torre   tower
la tortilla   omelette
la tortuga   tortoise
la tos   cough
la(s) tostada(s)   toast
    totalmente   totally
    trabajar   to work
el traje   suit
la tranquilidad   peace
    tranquilo/a   quiet
    trata de   it's about
en tren   by train
las tribus urbanas   urban tribes
el trigo   wheat
    triste   sad
el trozo   slice
    tu(s)   your
el turista   tourist (m)
la turista   tourist (f)
    turística   tourist (adj)
    tuve que   I had to

U

    último/a   last
el uniforme (escolar)   (school)
        uniform
    usar   to use
    usted   you (polite)
    utilizar   to use
    utilizó   he/she/it used
las uvas   grapes

V

    va   he/she/it goes
las vacaciones   holidays
    vais   you go
    vale   OK
    valen   they cost, they are worth
    vamos   we go
    van   they go
los vaqueros   jeans
    variado/a   varied
la variedad   variety
    vas   you go
a veces   sometimes
la velocidad   speed
    venenoso/a   poisonous
    venir   to come
    veo   I watch
    ver   to watch, to see
a ver   let's see

el verano (pasado) *(last) summer*
¿verdad? *really?*
verde *green*
las verduras *vegetables*
¡qué vergüenza! *how embarrassing!*
el vestido *dress*
vestirse *to get dressed*
el vestuario *wardrobe*
una vez *once*
de vez en cuando *from time to time*
el viaje *journey*
la vida *life*
el vídeo *video*
el videojuego *video game*
viejo/a *old*
viene *he/she/it comes*
el viernes *Friday*
la Villa Olímpica *the Olympic Village*
vino *he/she/it came*
el vino *wine*
violeta *purple*
visitamos *we visited*
visitar *to visit*
visitaste *you visited*
visité *I visited*
visitó *he/she visited*
me visto *I get dressed*
vivir *to live*
vivo *I live*
volar *to fly*
el volcán *volcano*
el voleibol *volleyball*
el vómito *sick*
vomito *I vomit*
vomitó *he/she vomited*
voy *I go*
voy a (bailar) *I'm going to (dance)*

Y

y *and*
yo *I*
yo mismo *I myself*
yo te quiero *I love you*

Z

la zanahoria *carrot*
la zapatería *shoe shop*
las zapatillas de deporte *trainers*
los zapatos *shoes*
el zumo de naranja *orange juice*

Vocabulario inglés—español

A

about   *de, sobre*
afterwards   *después*
age   *la edad*
to agree (with)   *estar de acuerdo (con)*
all the time   *todo el tiempo*
also   *también*
always   *siempre*
I am   *soy, estoy*
amusement arcade   *el salón recreativo*
amusing   *divertido/a*
and   *y, e*
anything   *algo*
anything else?   *¿algo más?*
apple   *la manzana*
they are   *son, están*
we are   *somos, estamos*
you are   *eres, estás*
you (pl) are   *sois, estáis*
Argentina   *Argentina*
Argentinian   *argentino/a*
arm   *el brazo*
aspirin   *la aspirina*
at   *en, a*
I ate   *comí*
attractive   *guapo/a*
awful   *horrible*

B

bad   *mal, malo/a*
baguette   *la barra de pan*
baker's   *la panadería*
beach   *la playa*
because   *porque*
behind   *detrás de*
best   *el/la mejor*
better   *mejor*
bike   *la bicicleta*
bill   *la cuenta*
birthday   *el cumpleaños*
biscuit   *la galleta*
black   *negro/a*
blond   *rubio/a*
blue   *azul*
boat   *el barco*
body   *el cuerpo*
book   *el libro*
bookshop   *la librería*
boots   *las botas*
boring   *aburrido/a*
bottle (of water)   *la botella (de agua)*
bowling alley   *la bolera*
bread   *el pan*
brilliant   *genial*
brother   *el hermano*
brown   *castaño (hair), marrón*
bus   *el autobús*
but   *pero*
butcher's   *la carnicería*
to buy   *comprar*
by   *en*

C

café   *la cafetería*
cake   *el pastel*
cake shop   *la pastelería*
cap   *la gorra*
car   *el coche*
carrot   *la zanahoria*
carton of milk   *el cartón de leche*
cereal   *los cereales*
to chat online   *chatear por internet*
cheap   *barato/a*
checked   *de cuadros*
cheese   *el queso*
chicken   *el pollo*
Chilean   *chileno/a*
chips   *las patatas fritas*
cinema   *el cine*
city   *la ciudad*
clothes   *la ropa*
clothes shop   *la tienda de ropa*
coach   *el autocar*
coffee   *el café*
cold   *el catarro*
Colombian   *colombiano/a*
colour   *el color*
comedy   *la comedia*
comfortable   *cómodo/a*
comic   *el cómic*
cool   *guay*
cream   *la crema*
to cross   *cruzar*
Cuba   *Cuba*
curly   *rizado/a*

D

to dance   *bailar*
day   *el día*
the day after tomorrow   *pasado mañana*
the day before yesterday   *anteayer*
dessert   *el postre*
direction   *la dirección*
disaster   *el desastre*
disco   *la discoteca*
to do my homework   *hacer mis deberes*
to do sport   *hacer deporte*
dress   *el vestido*
to drink   *beber*

E

to eat   *comer*
email (address)   *el correo electrónico*
England   *Inglaterra*
English   *inglés/inglesa*
evening   *la tarde*
in the evening   *por la tarde*
excuse me   *perdón*

expensive   *caro/a*
eyes   *los ojos*

F

family   *la familia*
fantastic   *estupendo/a, bomba*
father   *el padre*
film   *la película*
finally   *por último*
fine   *muy bien*
first   *primero*
fish   *el pescado*
food   *la comida*
foot   *el pie*
on foot   *a pie*
football   *el fútbol*
football match   *el partido de fútbol*
football shirt   *la camiseta de fútbol*
for   *por, para*
France   *Francia*
free time   *el tiempo libre*
Friday   *el viernes*
friend   *el amigo/la amiga*
in front of   *delante de*
fruit   *la fruta*

G

generous   *generoso/a*
Germany   *Alemania*
to get dressed   *vestirse*
I get up   *me levanto*
I go   *voy*
to go   *ir*
you go   *vas*
to go bowling   *jugar a los bolos*
to go out   *salir*
to go shopping   *ir de compras*
good   *buen/bueno/buena*
good night   *buenas noches*
have a good trip!   *¡buen viaje!*
goodbye   *adiós*
grapes   *las uvas*
great   *guay*
Greece   *Grecia*
green   *verde*
grey   *gris*

H

hair   *el pelo*
hairdresser's   *la peluquería*
half   *medio/a*
ham   *el jamón*
hamburger   *la hamburguesa*
hand   *la mano*
he/she has   *tiene*
to hate   *odiar*
I have   *tengo*
to have   *tener*
to have breakfast   *desayunar*
to have dinner/supper   *cenar*

to have lunch *comer*
to have tea *merendar*
I have to *tengo que*
to have to *tener que*
head *la cabeza*
helmet *el casco*
her *su(s)*
here *aquí*
high-heeled *de tacón*
his *su(s)*
holidays *las vacaciones*
homework *los deberes*
house *la casa*
how? *¿cómo?*
how are you? *¿qué tal?*
how much? *¿cuánto?*
I'm hungry *tengo hambre*
to hurt *doler*

I

ice-cream *el helado*
ill *enfermo/a*
in *en*
intelligent *inteligente*
I'm interested in *me interesa(n)*
to introduce *presentar*
Ireland *Irlanda*
Irish *irlandés/irlandesa*
he/
she/it is *es, está*
Italy *Italia*

J

jeans *los vaqueros*
jeweller's *la joyería*
jewellery *las joyas*
jumper *el jersey*
junk food *la comida basura*

K

a kilo of *un kilo de*

L

last (year) *(el año) pasado*
later *más tarde*
lazy *perezoso/a*
leather *de cuero*
left *la izquierda*
leg *la pierna*
lemonade *la limonada*
less *menos*
less ... than *menos ... que*
let's see *a ver*
lettuce *la lechuga*
I like *me gusta(n)*
he/she likes *le gusta(n)*
to listen (to) *escuchar*
long *largo/a*
long-sleeved *de manga larga*
a lot of *mucho/a*

I love *me encanta(n)*
he/she loves *le encanta(n)*

M

main course *el segundo plato*
market *el mercado*
meal *la comida*
meat *la carne*
message *el mensaje*
Mexican *mexicano/a*
Mexico *México*
Monday *el lunes*
month *el mes*
more *más*
more ... than *más ... que*
morning *la mañana*
in the morning *por la mañana*
mother *la madre*
music *la música*
music shop *la tienda de música*
my *mi(s)*

N

my name is *me llamo*
never *nunca*
next time *la próxima vez*
nice *bonito/a*
normally *normalmente*
North American *estadounidense*
not *no*
nothing *nada*
number *el número*

O

at (3) o'clock *a las (tres)*
of *de*
often *a menudo*
OK *de acuerdo, vale*
old *viejo/a*
old-fashioned *anticuado/a*
once (a day) *una vez (al día)*
or *o*
orange *naranja*
orange juice *el zumo de naranja*

P

to paint *pintar*
parents *los padres*
park *el parque*
pasta *la pasta*
patterned *estampado/a*
pear *la pera*
people *la gente*
pink *rosa*
plane *el avión*
to play *jugar*
to play football *jugar al fútbol*

to play table football *jugar al futbolín*
please *por favor*
Portugal *Portugal*
prawns *las gambas*
present *el regalo*
pretty *bonito/a*
problem *el problema*

R

red *pelirrojo (hair), rojo/a*
restaurant *el restaurante*
right (correct) *correcto/a*
right (side) *la derecha*

S

salad *la ensalada*
sandwich *el bocadillo*
Saturday *el sábado*
school *el colegio, el instituto*
Scotland *Escocia*
Scottish *escocés/escocesa*
seafood *los mariscos*
see you later *hasta luego*
see you soon *hasta pronto*
to send *mandar*
serious *serio/a*
shirt *la camisa*
shoe shop *la zapatería*
shoes *los zapatos*
shopping centre *el centro comercial*
short *bajo/a (person), corto/a*
short-sleeved *de manga corta*
sister *la hermana*
skateboard *el monopatín*
skirt *la falda*
sleeveless *sin mangas*
slim *delgado/a*
something *algo*
sometimes *a veces*
I'm sorry *lo siento*
soup *la sopa*
Spain *España*
Spanish *español(a)*
sports clothes *la ropa de deporte*
spotted *de lunares*
square *la plaza*
stadium *el estadio*
starter *el primer plato*
to stay at home *quedarse en casa*
street *la calle*
striped *de rayas*
summer *el verano*
to sunbathe *tomar el sol*
Sunday *el domingo*
sunglasses *las gafas de sol*
supermarket *el supermercado*
sweatshirt *la sudadera*
swimming *la natación*
swimsuit *el bañador*
syrup *el jarabe*

T

tablet   *la pastilla*
to take   *tomar*
to take photos   *sacar fotos*
talkative   *hablador(a)*
tall   *alto/a*
tea   *el té*
television   *la televisión*
then   *luego*
there is/are   *hay*
these   *estos/as*
to think   *pensar*
this   *este/a*
Thursday   *el jueves*
to tidy my room   *ordenar mi dormitorio*
tie   *la corbata*
time   *el tiempo*
from time to time   *de vez en cuando*
tired   *cansado/a*
to   *a*
toast   *la(s) tostada(s)*
today   *hoy*
tomato   *el tomate*
tomorrow   *mañana*
tonight   *esta noche*
tourist   *el turista/la turista*
train   *el tren*
trousers   *los pantalones*
T-shirt   *la camiseta*
Tuesday   *el martes*
to turn   *doblar*
twice (a day)   *dos veces (al día)*

U

ugly   *feo/a*
uncomfortable   *incómodo/a*
uniform   *el uniforme*
to use   *utilizar, usar*
usually   *generalmente*

V

vegetables   *las verduras*
very   *muy*
video game   *el videojuego*
to visit   *visitar*

W

I wake up   *me despierto*
Wales   *Gales*
to walk the dog   *pasear al perro*
I want   *quiero*
to want   *querer*
I was   *fui*
it was   *fue*
to wash my hair   *lavarme el pelo*
to watch   *ver*
water   *el agua*
wavy   *ondulado/a*
to wear   *llevar*

weather forecast   *el tiempo*
Wednesday   *el miércoles*
week   *la semana*
weekend   *el fin de semana*
well   *bueno, pues, bien*
Welsh   *galés/galesa*
I went   *fui*
we went   *fuimos*
what?   *¿qué?*
what sort of a time did you have?   *¿qué tal lo pasaste?*
what time?   *¿qué hora?*
what was it like?   *¿cómo fue?*
when?   *¿cuándo?*
where?   *¿dónde?*
where (to)?   *¿adónde?*
white   *blanco/a*
who?   *¿quién?*
why?   *¿por qué?*
winter   *el invierno*
with   *con*
wonderful   *fenomenal*
I would like   *me gustaría*
would you like?   *¿te gustaría?*

Y

year   *el año*
yellow   *amarillo/a*
yesterday   *ayer*
young   *joven*
your   *tu(s)*